Mawutin Martien Carlos Agossou

Technologie hybride WDM/TDM pour le réseau d'accès optique PON

Mawutin Martien Carlos Agossou

Technologie hybride WDM/TDM pour le réseau d'accès optique PON

Modèle d'architecture de réseaux optiques très haut débit

Éditions universitaires européennes

Impressum / Mentions légales

Bibliografische Information der Deutschen Nationalbibliothek: Die Deutsche Nationalbibliothek verzeichnet diese Publikation in der Deutschen Nationalbibliografie; detaillierte bibliografische Daten sind im Internet über http://dnb.d-nb.de abrufbar.

Alle in diesem Buch genannten Marken und Produktnamen unterliegen warenzeichen-, marken- oder patentrechtlichem Schutz bzw. sind Warenzeichen oder eingetragene Warenzeichen der jeweiligen Inhaber. Die Wiedergabe von Marken, Produktnamen, Gebrauchsnamen, Handelsnamen, Warenbezeichnungen u.s.w. in diesem Werk berechtigt auch ohne besondere Kennzeichnung nicht zu der Annahme, dass solche Namen im Sinne der Warenzeichen- und Markenschutzgesetzgebung als frei zu betrachten wären und daher von jedermann benutzt werden dürften.

Information bibliographique publiée par la Deutsche Nationalbibliothek. La Deutsche Nationalbibliothek inscrit cette publication à la Deutsche Nationalbibliografie; des données bibliographiques détaillées sont disponibles sur internet à l'adresse http://dnb.d-nb.de.

Toutes marques et noms de produits mentionnés dans ce livre demeurent sous la protection des marques, des marques déposées et des brevets, et sont des marques ou des marques déposées de leurs détenteurs respectifs. L'utilisation des marques, noms de produits, noms communs, noms commerciaux, descriptions de produits, etc, même sans qu'ils soient mentionnés de façon particulière dans ce livre ne signifie en aucune façon que ces noms peuvent être utilisés sans restriction à l'égard de la législation pour la protection des marques et des marques déposées et pourraient donc être utilisés par quiconque.

Coverbild / Photo de couverture: www.ingimage.com

Verlag / Editeur:
Éditions universitaires européennes
ist ein Imprint der / est une marque déposée de
OmniScriptum GmbH & Co. KG
Heinrich-Böcking-Str. 6-8, 66121 Saarbrücken, Deutschland / Allemagne
Email: info@editions-ue.com

Herstellung: siehe letzte Seite /
Impression: voir la dernière page
ISBN: 978-3-8416-7236-0

Copyright / Droit d'auteur © 2015 OmniScriptum GmbH & Co. KG
Alle Rechte vorbehalten. / Tous droits réservés. Saarbrücken 2015

Sommaire

Dédicaces

« *Par la grâce de* **Dieu** *je suis ce que je suis, et sa grâce envers moi n'a pas été vaine; loin de là, j'ai travaillé plus qu'en tout, non pas moi toutefois, mais la grâce de Dieu qui est avec moi. Digne es-tu,* **Seigneur et Dieu**, *de recevoir la gloire, l'honneur et la puissance; car tu as préparé ce moment, et c'est par ta volonté qu'il existe et qu'il se concrétise. »*

A mes parents **AGOSSOU Z. Pierre** *et* **KIKI Florence**. *Vous qui avez toujours cru en moi et m'avez toujours soutenu, recevez ce travail en guise de ma profonde reconnaissance aux nombreux sacrifices que vous avez consentis pour mon éducation, mon suivi et ma réussite ;*

A mes sœurs **Rolande**, **Mardelle**, **Cadourelle** *et* **Bélice**. *Trouvez en ce travail un symbole de courage et d'espoir. Je vous aime toutes très fort ;*

Carlos Martien M. AGOSSOU

Remerciements

En prologue à ce mémoire, je tiens très sincèrement à remercier toutes les personnes qui, de près ou de loin, ont pris part de quelque façon que ce soit à son élaboration. Il s'agit en particulier de :

◈ Dr. Léopold DJOGBE, Enseignant à l'EPAC, pour son dévouement en acceptant de m'encadrer tout au long de ce mémoire et qui a énormément contribué à ma formation ;

◈ M. Fabius N'YABA, Ingénieur Télécoms au Centre de Transmission de BENIN TELECOMS S.A., mon superviseur de stage, pour sa disponibilité et son assistance tout au long de ce travail ;

◈ Dr. Marc Kokou ASSOGBA, Chef du département de Génie Informatique et Télécommunications ;

◈ Dr. Michel DOSSOU, Enseignant à l'EPAC, pour sa disponibilité et pour avoir mis à ma disposition sa précieuse bibliothèque pour la bonne marche de cette étude ;

◈ M. Patrick SOTINDJO, pour sa disponibilité et pour avoir daigné me communiquer des idées au cours du travail ;

◈ Tous les enseignants des années préparatoires, des départements de Génie Electrique et Génie Informatique et Télécommunication de l'EPAC pour la qualité de l'enseignement qu'ils m'ont donné ;

◈ Aux honorables membres du jury, pour l'intérêt qu'ils accordent à ce travail en acceptant de le juger pour son amélioration ;

◈ M. William TEDJI, Chef section marketing produits multimédia de BENIN Télécoms S.A., pour avoir favorisé le déroulement de mon stage dans ladite société ;

❖ Tout le personnel de BENIN TELECOMS S.A. ;

❖ Toute ma famille pour l'amour et le soutien indéfectibles durant tous ces moments ;

❖ Tous les camarades de la 5ème promotion ;

❖ Tous les membres du CERADEI-GIT (Cercle d'Échanges, de Réflexions et d'Actions Des Élèves Ingénieurs en GIT) au sein duquel j'ai eu l'honneur de travailler avec beaucoup d'enthousiasme en tant que secrétaire du conseil de contrôle ;

❖ A tous mes amis pour les bons moments passés ensemble.

Liste des sigles et acronymes

A

ADSL : Asymmetric Digital Subscriber Line (Ligne d'abonné numérique asymétrique)

AWG : Arrayed Waveguide Grating

B

BER : Bit Error Rate

BS : Band Splitter (Séparateur de bande)

C

CWDM : Coarse Wavelength Division Multiplexing (Multiplexage par répartition espacée en longueurs d'onde)

D

DB : Duobinaire

DFB : Distributed FeedBack

DPSK : Differential Phase-Shift Keying (Codage différentiel en phase)

DS : DownStream (Flux descendant)

xDSL : Digital Subscriber Line (x = A (Asymmetric)/H (High bit rate)/...)

DWDM : Dense Wavelength Division Multiplexing (Multiplexage par répartition dense en longueurs d'onde)

E

EDFA : Erbium Doped Fiber Amplifier (Amplificateur à fibre dopée Erbium)

ER : Extinction Rate (Taux d'extinction)

F

FEC : Forward Error correction Code (Code correcteur d'erreurs)

FTTH : Fiber To The Home

FTTx : Fiber To The x (x = H (Home)/B (Building)/C (Curb)/Cab (Cabinet)/...)

G

GUI : Graphical User Interface (Interface graphique utilisateur)

I

IP : Internet Protocol

ITU-T : International Telecommunication Union – Telecommunication standar-dization sector

v

N
NADO : Nœud d'Accès de Distribution Optique
NRO : Nœud de Raccordement Optique
NRZ : Non-Retour à Zéro
O
OH⁻ : Ion Hydroxyde
OLT : Optical Line Termination
ONT : Optical Network Termination
ONU : Optical Network Unit
P
PON : Passive Optical Network (Réseau optique passif)
PRBS : Pseudo Random Binary Sequence (Séquence binaire pseudo-aléatoire)
R
RN : Remote Node (Point de distribution)
RSOA : Reflective Semiconductor Optical Amplifier (Amplificateur optique à semi-conducteur réflectif)
S
SLED : Superluminescent Diode (Diode superluminescente)
SMF : Single Mode Fiber (Fibre monomode standard)
T
TDM : Time Division Multiplexing (Multiplexage par répartition en temps)
TDMA : Time Division Multiple Access (Accès multiple par répartition en temps)
TEB : Taux d'erreurs binaires
TVHD : Télévision Haute Définition
U
UIT : Union Internationale des Télécommunications
US : UpStream (Flux montant)
W
WDM : Wavelength Division Multiplexing (Multiplexage en longueurs d'onde)

vi

Liste des tableaux

Liste des figures

Introduction générale

La demande massive en bande passante dans le réseau d'accès ne cesse d'augmenter ces dernières années. L'augmentation de cette demande se justifie aussi bien par une augmentation du nombre d'abonnés que par des débits exigés par les nouvelles applications et services offerts. Cette augmentation n'est pas sans problème dans la mesure où les réseaux d'accès actuels majoritairement à cuivre ont atteint leurs limites (BOUJELBENE, 2006). Même si les solutions de type DSL (Digital Subscriber Line) permettent d'ores et déjà aux opérateurs de services Internet d'offrir des débits importants à l'instar de BENIN TELECOMS, à travers le déploiement de l'ADSL dont le débit offert par utilisateur ne dépasse pas 2 Mbit/s (N'YABA, 2008), ces débits restent inférieurs à ceux que peuvent offrir les technologies en fibre optique. Ainsi, le passage au réseau d'accès optique est une solution que plusieurs opérateurs ont envisagée à travers le déploiement de la technologie FTTH (Fiber To The Home).

Toutefois, ce déploiement est souvent onéreux. Il fallait donc penser à des architectures moins coûteuses. Le réseau optique passif en arbre (PON : Passive Optical Network) représente une bonne solution. Le PON classique utilise le principe TDMA (Time Division Multiple Access) pour partager une seule longueur d'onde entre les utilisateurs dans le sens montant et le principe TDM (Time Division Multiplexing) pour partager une ou deux longueurs d'onde dans le sens descendant, ce qui limite le débit offert et le taux de partage toléré. Pour ce faire, la technologie de multiplexage en longueurs d'onde dans le réseau d'accès optique passif (WDM-PON : Wavelength Division Multiplexing in Passive Optical Network) apparaît actuellement comme une solution indispensable pour la future génération de

1

PON (NGUYEN, 2011). Elle utilise d'une manière statique plusieurs longueurs d'onde dans le sens montant et dans le sens descendant pour un seul PON. Cette solution s'avère assez coûteuse. Il est donc important de penser à des architectures qui facilitent la mutualisation des équipements. Etant donné que, le facteur économique est prépondérant dans le déploiement de réseaux d'accès optiques, les architectures de réseaux PON flexible WDM/TDM permettant de mutualiser une partie de la fibre et des équipements entre plusieurs utilisateurs sont les solutions majoritairement retenues. Il est important de connaître les avantages et contraintes de ces technologies qui seront utilisées dans les prochaines générations de réseau d'accès optique afin d'anticiper et de faciliter la migration future vers celles-ci.

Inscrit dans ce cadre, ce projet de mémoire s'intéresse à l'introduction de la technologie hybride combinant le multiplexage en longueurs d'onde et le multiplexage en temps dans le réseau d'accès optique, et la mise en œuvre d'un modèle réaliste validé par des simulations systèmes, afin d'évaluer les performances attendues d'un tel système.

Le présent travail s'articule autour de trois grandes parties. Dans une première partie, nous présenterons de façon générale les concepts liés à la technologie hybride de multiplexage en longueurs d'onde et en temps dans le réseau d'accès optique et l'état de l'art dans le domaine. Dans la deuxième partie seront abordés la conception du modèle, les critères d'évaluation de la transmission et les choix techniques effectués. Nous présenterons enfin dans la troisième partie, les résultats obtenus après tests et simulations pour conclure par une discussion et des perspectives.

1. Contexte, justification et problématique

Aujourd'hui, l'ADSL est la technologie haut débit la plus utilisée au Bénin et le débit théorique maximal offert par BENIN TELECOMS n'est que de 2 Mbit/s (N'YABA, 2008). La limitation du débit de l'ADSL, sa performance inégale en fonction de la distance, la dissymétrie entre les débits montant et descendant, sont autant de problèmes qui montrent les limites de cette technologie face aux besoins actuels. Ces besoins concernent l'utilisation d'applications de plus en plus gourmandes en bande passante telles que : la voix sur IP, la multiplication des jeux vidéo haute qualité en ligne, l'augmentation des tailles des photos et vidéos numériques, le besoin de partager et d'échanger des fichiers entre internautes le plus rapidement possible, et bien d'autres services qui apparaîtront à l'usage. Pour une utilisation simultanée de ces applications, un débit minimal de 100 Mbit/s est nécessaire (PAYOUX, 2006 ; BOUJELBENE, 2006). Ainsi, l'accès au réseau évolue désormais vers le très haut débit. Cette montée croissante du très haut débit permet l'ouverture vers une nouvelle méthode d'accès, à savoir le développement de technologie FTTH déployée massivement dans le monde et ayant fait ses preuves. Elle constitue donc une alternative performante aux technologies ADSL, et elle s'affirme aussi comme la technologie en mesure de répondre aux besoins numériques des prochaines décennies des béninois.

Pour cette future demande de bande passante pour laquelle un débit minimal de 100 Mbit/s par utilisateur serait nécessaire, la technologie PON à base du multiplexage temporel TDM est non adaptée et moins économique à cause du débit trop élevé demandé par un grand nombre d'utilisateurs. L'utilisation de la technologie de multiplexage en longueurs d'onde WDM dans le réseau d'accès optique est une solution prometteuse pour pouvoir monter à un débit très élevé. La forte capacité de montée en débit du WDM-PON s'explique par le fait que la communication avec chaque utilisateur est dédiée à une longueur d'onde. Il est donc intéressant d'élaborer un modèle de réseau d'accès optique passif permettant de multiplexer plusieurs utilisateurs simultanément sur une même fibre. En effet, plusieurs opérateurs (France Télécom, British Telecom, Korea Telecom...) et équipementiers (Alcatel-Lucent, Huawei...) s'intéressent au WDM comme une technologie prometteuse pour augmenter la capacité dans une fibre optique et la portée des systèmes par superposition de longueurs d'onde.

Dans le contexte béninois, le besoin de mise en place de réseau d'accès optique passif basé sur le multiplexage en longueurs d'onde (WDM-PON) s'avère nécessaire. Pour ce faire, nous procédons à une définition des objectifs spécifiques.

2. Objectifs

Ce mémoire de fin d'études a pour objectif principal l'élaboration d'une architecture innovante mettant en œuvre la technologie hybride combinant le multiplexage en longueurs d'onde et le multiplexage temporel dans le réseau d'accès optique passif à très haut débit, de longue portée, et flexible en connectivité. Il s'agira, plus spécifiquement :

◈ de choisir judicieusement les composants des modules d'émission, de réception, et le format de modulation ;

◈ de choisir la bande spectrale des canaux WDM et de définir un plan d'allocation de longueurs d'onde ;

4

◆ de proposer un modèle de réseau optique passif fournissant un débit de 10 Gbit/s symétrique par longueur d'onde et sur une portée maximale de 25 km ;

◆ de simuler le modèle proposé sous « OptiSystem 7.0 » ;

◆ d'évaluer et d'améliorer les performances du modèle en se basant sur le facteur de qualité Q, le budget optique, le diagramme de l'œil.

PARTIE 1 SYNTHESE BIBLIOGRAPHIQUE

CHAPITRE 1 : Présentation du réseau d'accès optique passif.

CHAPITRE 2 : La technologie WDM dans le réseau d'accès optique passif.

CHAPITRE *1*
Présentation du réseau d'accès optique passif

Introduction

Dans ce chapitre, nous présentons de manière générale le réseau d'accès afin de situer le cadre de notre étude. Ensuite, nous décrivons les terminologies utilisées dans le réseau d'accès optique. Enfin, nous abordons la technologie de multiplexage en longueurs d'onde dans le réseau d'accès optique passif et les différents travaux abordés dans la littérature.

1.1. Le réseau d'accès

Dans la structure hiérarchique des réseaux de télécommunications, on est amené à distinguer le réseau de transport et le réseau d'accès. Dans la suite, il est question de présenter le réseau d'accès.

1.1.1. Généralités sur le réseau d'accès

Afin d'assurer la communication entre plusieurs personnes, chaque utilisateur doit se connecter au réseau de télécommunication. L'utilisateur peut être un abonné des services mobiles, un abonné des services haut-débit résidentiels ou professionnels.

Le réseau d'accès est le réseau qui relie les utilisateurs finaux au réseau de transport de l'opérateur de télécommunication via le point d'accès qui est appelé le "central" pour le réseau d'accès de type filaire. Dans ce type de réseau, la distance séparant les terminaux de télécommunication est de l'ordre de quelques kilomètres jusqu'à 20 km ou 25 km maximale (ITU-T Manual, 2009).

Parmi les réseaux d'accès filaires, c'est celui utilisant la fibre optique qui est l'objet de notre intérêt. Dans ce réseau, la fibre optique assure la transmission des données entre le central et les abonnés. Généralement, le réseau d'accès filaire (par paire de cuivre, fibre optique ou câble coaxial) a toujours une typologie de distribution, d'un point de distribution (point de répartition) vers plusieurs abonnés. Il est appelé parfois le réseau de distribution. Donc, le schéma d'infrastructure de base d'un réseau d'accès filaire est souvent du type point à multipoint, qui relie le central de l'opérateur aux abonnés (voir figure 1.1).

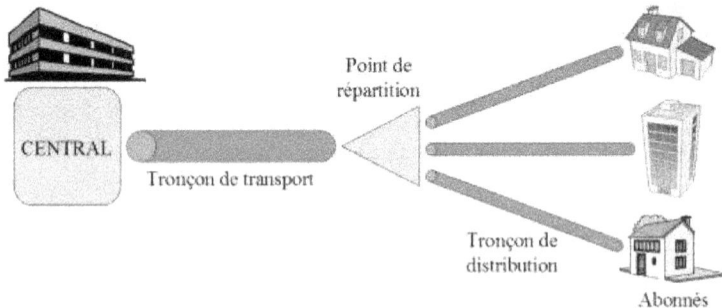

Figure 1.1 : Schéma simplifié du réseau d'accès filaire (NGUYEN, 2011).

Aujourd'hui, afin de minimiser le coût d'investissement dans le réseau d'accès optique, le déploiement de la fibre optique continue à réutiliser l'infrastructure génie-civile (conduites, chambres,...) du réseau d'accès par paire de cuivre (NGUYEN, 2011).

8

En termes de débit de transmission, le réseau d'accès filaire basé sur la paire de cuivre du type xDSL[1] peut supporter un débit maximum de 24 Mbit/s dans le sens descendant (direction de transmission du central vers les abonnés) et de 3 Mbit/s dans le sens montant (direction de transmission des abonnés vers le central) selon le standard le plus récent ADSL2+M défini par l'ITU-T (NGUYEN, 2011). Néanmoins, avec la forte croissance actuelle des services de communication (vidéo à la demande, téléchargement,...), notamment les services très gourmands en bande passante comme la télévision haute définition (TVHD), le débit de transmission permis par les technologies xDSL semble être insuffisant pour les années qui viennent. Par conséquent, l'utilisation de la fibre optique comme médium de transmission devient évidente pour le futur réseau d'accès à très haut débit (NGUYEN, 2011).

1.1.2. Terminologies du réseau d'accès optique

La figure 1.2 montre différents scénarios d'introduction de la fibre optique dans le réseau d'accès.

Dépendant du point jusqu'auquel la fibre optique peut parvenir, nous distinguons les différentes catégories :

◈ FTTH/O (Fiber-To-The-Home / Fiber To The Office) : La terminaison de réseau optique (ONT : Optical Network Termination), qui est propre à un abonné donné, est implantée dans ses locaux. La fibre va donc jusqu'à son domicile ou son bureau.

---

[1] xDSL : désigne la famille des technologies DSL (Digital Suscriber Line), x peut être remplacé par les lettres A (Asymmetric), H (High bit rate), ...

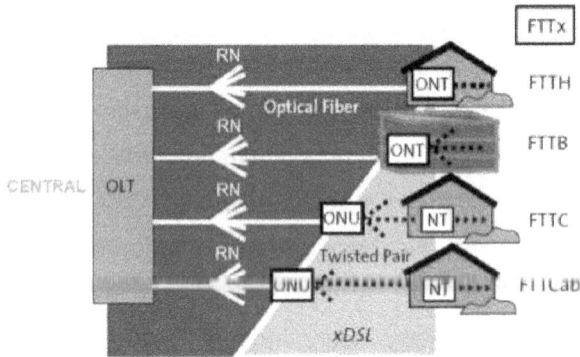

Figure 1.2 : Scénarios de l'introduction de la fibre optique dans le réseau d'accès (NGUYEN, 2011).

◈ **FTTB** (Fiber-To-The-Building) : La terminaison de réseau optique (ONT : Optical Network Termination) est localisée soit au pied de l'immeuble, soit dans un local technique généralement situé en sous-sol, soit dans une armoire ou un conduit de palier. Elle est partagée entre plusieurs abonnés qui lui sont raccordés par des liaisons en fil de cuivre.

◈ **FTTC/FTTCab** (Fiber-To-The-Curb / Fiber-To-The-Cabinet) : Dans ce dernier cas, la terminaison du réseau optique est soit co-localisée avec le point de répartition (FTTcab), soit co-localisée avec le point de concentration (point de distribution en aval du point de répartition principal) situé à quelques centaines de mètres du client (FTTC). Selon le cas, il est envisagé de réutiliser le réseau terminal en cuivre existant ou de mettre en œuvre une distribution terminale par voie radioélectrique.

Dans le réseau d'accès optique, le central se dénomme NRO (Noeud de Raccordement Optique) quand il comporte un OLT (Optical Line

10

Termination). Le point de répartition contient, dans le cas de l'optique partagée, un coupleur ou un élément de multiplexage optique pour un réseau WDM. La partie "Abonnés" est généralement appelée ONU (Optical Network Unit) si elle est partagée entre plusieurs clients et suivie d'une transmission secondaire (cas des FTTCab/Curb/Building) ; sinon elle porte le nom ONT (Optical Network Termination) si elle est mono client FTTH.

Dans la figure 1.2 ci-dessus, nous retrouvons les terminologies souvent utilisées pour le réseau d'accès optique et qui seront employées par la suite :

◆ OLT (Optical Line Termination) encore appelé NADO (Noeud d'Accès de Distribution Optique) : L'équipement réseau situé au central qui gère les flux de trafic vers les abonnés ou provenant des abonnés. Il assure l'interfaçage avec les équipements du réseau de distribution et toutes les fonctions de contrôle et de maintenance du système d'accès. L'OLT est le point d'extrémité en amont du réseau d'accès.

◆ RN (Remote Node) : Point de répartition qui répartit le signal optique provenant de l'OLT vers plusieurs abonnés et combine les signaux optiques provenant des abonnés à destination de l'OLT.

◆ ONT (Optical Network Termination) : Le module optique chez les abonnés qui assure les fonctions d'émission/réception des signaux optiques vers l'OLT ou provenant de l'OLT et la conversion entre les interfaces optiques avec le réseau et les interfaces d'utilisateur. C'est le point d'extrémité en aval du réseau d'accès.

◆ ONU (Optical Network Unit) : L'équipement comme l'ONT mais situé dans le réseau au cas où la fibre ne pénètre pas jusqu'à chez les abonnés. La transmission entre les ONU et les abonnés est réalisée sur les paires de cuivre comme pour la technologie xDSL.

◈ NT (Network Termination) : Le module chez les abonnés dans le cas où la fibre ne pénètre que jusqu'à l'ONU.

Mais aujourd'hui, pour indiquer le terminal du réseau d'accès optique chez les abonnés, on le désigne par "ONU". Donc, la transmission qui est étudiée dans le réseau d'accès optique a pour but d'assurer la communication entre l'OLT et les ONU via le point de répartition RN. Les deux directions de transmission des signaux dans ce réseau sont le sens descendant pour une transmission du central (OLT) vers les clients (ONU) et montant pour une transmission dans le sens opposé. Dans le cadre de l'étude décrite dans ce mémoire, nous nous sommes uniquement intéressés au scénario de déploiement de la fibre optique jusqu'à l'abonné, c'est-à-dire le FTTH. C'est aussi le scénario pour lequel le réseau d'accès est entièrement fibré sans recours aux paires de cuivre dans les derniers tronçons reliant les abonnés, donc qui permet de monter à un débit très élevé grâce à la fibre optique.

1.1.3.   Le réseau d'accès optique passif

Dans le réseau d'accès optique passif, la fibre optique entre l'OLT et le point de répartition RN est mutualisée entre plusieurs abonnés. Le partage de la ressource matérielle est effectué grâce à des techniques de multiplexage en temps, en longueurs d'onde,... Le point de répartition RN est simplement un équipement optique passif, qui est un coupleur ou un multiplexeur optique de 1 vers N (1:N) suivant la technique de multiplexage utilisée. Ces coupleurs sont entièrement passifs car ils ne nécessitent pas d'alimentation et diffusent ou recombinent le faisceau lumineux venant de l'OLT à destination des ONU. Il peut avoir plusieurs niveaux de répartition dépendant de chaque réseau PON spécifique (caractère géographique, taux de partage,...). Les seuls

12

éléments actifs du réseau se trouvent à l'OLT et chez l'abonné. L'ensemble des composants restants sont tous passifs. Cela permet donc de conserver un signal optique de l'OLT à l'ONU, sans limitation électronique. Aussi, il n'y a pas d'équipements actifs (commutateur, routeur) dont le coût serait excessif. Nous avons donc une infrastructure de fibre optique entièrement passive de l'OLT aux ONU. C'est pour cette raison qu'il est appelé le réseau d'accès optique passif.

Comme avantage du PON, la mutualisation des ressources matérielles entre plusieurs abonnés (fibre optique, émetteur-récepteur optique à l'OLT) réduit le coût global des équipements. L'inconvénient du PON est principalement lié à la complexité des techniques de multiplexage en temps ou en longueurs d'onde. Aussi, l'utilisation du composant optique passif, atténue le signal au point de répartition RN, augmentant la perte globale du système optique, donc limite la portée du réseau.

Généralement, le PON est la solution la plus compatible au contexte du réseau d'accès d'aujourd'hui du point de vue du coût d'investissement et du besoin en bande passante ou en performances (débit, portée).

1.2. Multiplexage en longueurs d'onde (WDM)

Dans cette section, il est détaillé la technologie WDM pour le réseau d'accès optique passif et la technologie hybride WDM/TDM associée.

1.2.1. PON avec multiplexage WDM

Contrairement au multiplexage temporel TDM utilisant une seule longueur d'onde partagée entre plusieurs utilisateurs, le partage de la ressource matérielle (notamment la fibre du tronçon de transport) entre

13

plusieurs abonnés est basé sur le multiplexage en longueurs d'onde pour le système WDM-PON. C'est-à-dire que chaque abonné se voit attribuer une longueur d'onde spécifique. La figure 1.3 montre une architecture de base d'un système WDM-PON. Un multiplexeur/démultiplexeur AWG (Arrayed Waveguide Grating) est utilisé au point de répartition RN afin de multiplexer/démultiplexer les longueurs d'onde provenant de l'ONU/OLT.

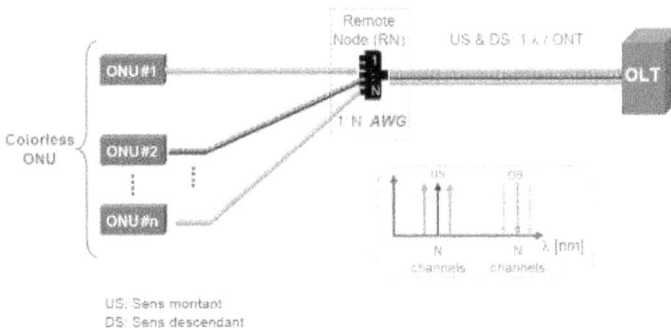

Figure 1.3 : PON basé sur le multiplexage en longueur d'onde (NGUYEN, 2011).

Comme la communication entre l'OLT et chaque ONU est basée sur une longueur d'onde spécifique, le réseau WDM-PON consiste, dans ce cas, en plusieurs liens point à point virtuels entre l'OLT et les ONU. On retrouve donc les mêmes avantages que ceux de l'accès optique point à point. Principalement, le WDM-PON possède une bande passante très élevée, jusqu'à un débit de l'ordre de 10 Gbit/s et plus par abonné à condition d'une technologie disponible de l'émetteur-récepteur optique. Il n'est pas confronté aux limitations rencontrées dans la technique de multiplexage TDM-PON (NGUYEN, 2011). Aussi, le fait que chaque abonné communique sur une longueur d'onde spécifique permet de garantir une excellente sécurité lors de

14

la transmission, d'éviter la collision entre les données des abonnés. En général, l'avantage du WDM-PON comparativement aux autres technologies PON est son excellente performance en termes de débit. Donc, elle est considérée actuellement comme une solution attractive pour la future génération d'accès optique, qui peut satisfaire la demande de débit très élevé (quelques Gbit/s par abonné) (NGUYEN, 2011).

Comme l'avantage du WDM-PON est la très grande bande passante, son inconvénient majeur est par conséquent le coût élevé des sous-systèmes d'émetteur-récepteur WDM. Bien évidemment, les composants optiques WDM sont beaucoup plus coûteux quand ils sont comparés à ceux utilisés dans le TDM-PON. Le partage de ressource matérielle en termes de fibre optique dans le WDM-PON n'est pas flexible. C'est-à-dire que la bande passante totale du WDM-PON n'est pas allouée de manière dynamique entre plusieurs abonnés. Donc, il peut y avoir du gaspillage de bande passante quand il y a des abonnés inactifs ou consommant une bande passante bien inférieure à celle disponible. De plus, la gestion des ressources en termes de longueurs d'onde est compliquée dans le WDM-PON. En pratique, la gestion du réseau WDM-PON devient impossible si chaque module d'abonné possède une longueur d'onde fixe, différente l'une de l'autre. Donc, une demande incontournable est que les modules d'abonnés doivent être identiques entre eux, c'est-à-dire indépendant de la longueur d'onde de fonctionnement. Cette demande permet une fabrication de masse et réduit le coût lié au déploiement du réseau. Ajoutons que les longueurs d'onde d'émission des modules d'abonnés doivent être reconfigurables. Par conséquent, des composants achromatiques sont nécessaires pour les émetteurs-récepteurs WDM, c'est-à-dire des composants indépendants de la longueur d'onde, notamment les émetteurs parce que les récepteurs peuvent

15

assurer déjà un fonctionnement indépendant de la longueur d'onde. Un autre point faible du WDM-PON est le problème lié à la stabilisation de l'AWG au point de répartition RN. Généralement, les AWG conventionnels sont sensibles à la variation de température. Donc, cela peut poser un problème quand le point de répartition RN est situé à l'extérieur (dans la rue...) et subit les conditions environnementales. Des AWG athermiques sont nécessaires pour le déploiement du WDM-PON.

En résumé, la technologie WDM-PON offre un grand avantage en termes de bande passante (10 Gbit/s et plus par abonné). Mais le défi actuel est son coût onéreux comparé au TDM-PON. Pour les futures générations d'accès optique, qui doivent répondre à la demande de débit très élevé, le WDM-PON serait une solution très attractive. Néanmoins, la réduction du coût des composants optiques WDM est obligatoire.

1.2.2.   PON avec multiplexage hybride WDM et TDM (WDM/TDM-PON)

La technologie TDM-PON permet de partager de manière flexible et dynamique la bande passante totale disponible entre plusieurs abonnés. Cependant, pour un débit très élevé (quelques Gbit/s par abonné), cette technologie ne serait plus certainement une solution aussi attractive et compatible alors que la technologie WDM-PON est une excellente solution pour répondre à la demande d'un débit très élevé. Par contre, pour cette dernière solution, le partage de la bande passante totale n'est pas flexible et efficace entre plusieurs abonnés. Cela peut gaspiller la ressource disponible. C'est pourquoi, la technologie hybride WDM/TDM-PON, qui combine ces deux techniques de multiplexage, permet d'obtenir un compromis entre les deux. Son architecture est montrée sur la figure 1.4 ci-dessous. Cette

16

topologie consiste en au moins deux niveaux de répartition : le premier pour le multiplexage/démultiplexage des canaux WDM à base d'un AWG et les autres pour la division de puissance de chaque longueur d'onde à base des coupleurs optiques. De cette manière, chaque branche fonctionnant sur une longueur d'onde du système hybride peut avoir le même principe d'un système TDM-PON. Par exemple, la topologie illustrée dans la figure 1.4 a deux niveaux de répartition : le premier 1 vers N par le multiplexage/démultiplexage en longueurs d'onde et le deuxième 1 vers K par la division de puissance. Donc, le système hybride a un taux de partage de NxK dans ce cas.

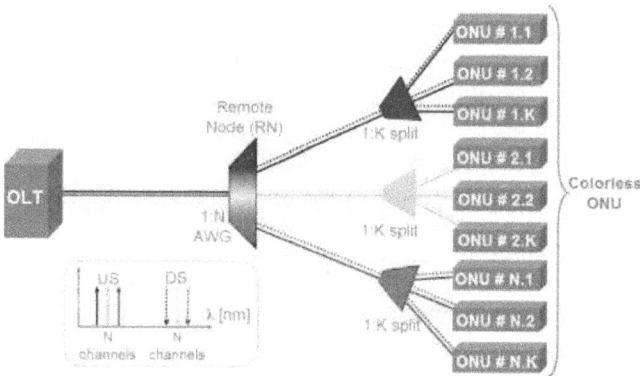

Figure 1.4 : Architecture hybride WDM/TDM-PON (NGUYEN, 2011).

Pour ce système hybride, nous retrouvons les avantages de deux technologies PON. Premièrement, c'est la bande passante totale disponible très élevée grâce à la technologie WDM, ainsi que la possibilité de partager de manière flexible et efficace le débit porté par une longueur d'onde entre K abonnés dans une branche, grâce à la technologie TDM. Cette technologie

17

hybride permet d'augmenter considérablement le nombre d'abonnés servis par un réseau PON.

En revanche, il y a aussi de grands inconvénients pour ce système hybride. C'est principalement lié à la complexité de la mise en œuvre des récepteurs en mode Burst[2] pour le TDM et des émetteurs-récepteurs WDM pour le multiplexage en longueur d'onde. Donc, le coût global reste important. Comme pour un système WDM-PON, les ONU doivent être identiques entre les différents abonnés, c'est-à-dire que les composants optiques pour réaliser les émetteurs indépendants de la longueur d'onde sont nécessaires. Il y a aussi le problème de la stabilisation du fonctionnement de l'AWG en température comme nous en avons discuté précédemment. Comme cette architecture hybride est une cascade de WDM-PON et TDM-PON, les pertes optiques totales du système comprenant celle de l'AWG, des coupleurs,... sont très élevées. Par suite des composants émetteurs-récepteurs WDM de très hautes performances sont requis pour pouvoir supporter un bilan de puissance optique important.

En résumé cette technologie hybride est un compromis entre deux technologies TDM-PON et WDM-PON. Elle permet d'avoir un débit par abonné plus élevé comparativement au TDM-PON, mais moins élevé comparativement au WDM-PON. Le coût global est bien plus important que celui du TDM-PON, mais le coût par rapport au débit effectif par abonné pourrait être moins important quand celui-ci est comparé au WDM-PON grâce à l'allocation dynamique de la bande passante entre abonnés.

---

[2] Dans le TDM-PON, chaque abonné a un intervalle de temps bien précis pour émettre consécutivement de manière contrôlée et synchronisée à destination de l'OLT afin de ne pas interférer avec un autre abonné. Cette émission est appelée celle en mode "Burst" ou en mode rafale. Le récepteur en mode Burst est nécessaire au niveau de l'OLT afin de distinguer les données reçues de chaque abonné.

1.3. Etat de l'art sur la technologie WDM-PON

Dans cette section, nous abordons différents travaux réalisés et décrits dans la littérature concernant la technologie WDM dans le réseau d'accès optique passif par les acteurs académiques et industriels. Généralement, l'objectif de ces travaux est de développer des composants émetteurs/récepteurs bas coûts, haut débit et de longue portée pour le déploiement du réseau d'accès optique.

1.3.1. Technologie WDM-PON proposée dans la littérature

La figure 1.5 représente une architecture typiquement utilisée pour des systèmes WDM-PON purs, c'est-à-dire que le réseau PON emploie seulement le multiplexage en longueurs d'onde, mais aucun multiplexage temporel. Donc, chaque longueur d'onde spécifique est dédiée à un seul client final.

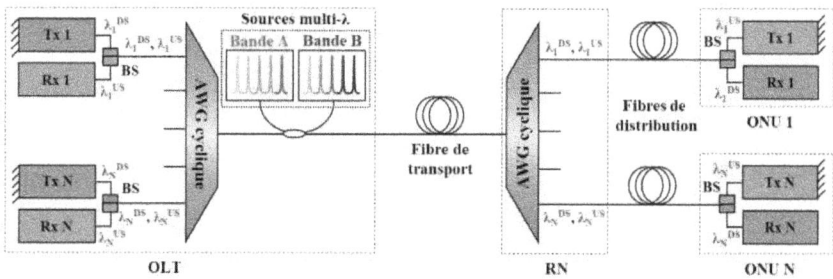

Figure 1.5 : Architecture du système WDM-PON bidirectionnel à mono-fibre (NGUYEN, 2011).

A l'OLT, nous avons N couples d'émetteurs (Tx)/récepteurs (Rx), qui correspondent aux N canaux WDM (λ_1^{DS} ou λ_1^{US} à λ_N^{DS} ou λ_N^{US}, avec DS et US

19

respectivement pour le sens descendant et le sens montant). Les N émetteurs achromatiques (Tx) à base des modulateurs en réflexion (c'est un modulateur externe qui ne génère pas lui-même la porteuse optique, et nécessite une source externe. Le signal optique entre dans le modulateur et sort par la même voie grâce à la haute réflectivité de sa facette arrière) fonctionnent dans la bande spectrale B alors que les N récepteurs (Rx) détectent les signaux montants dans la bande spectrale A. Les longueurs d'onde des bandes spectrales A et B sont générées par des sources multi-longueurs d'onde (multi-λ). La séparation des deux signaux Tx et Rx en deux bandes spectrales différentes est effectuée à l'aide d'un séparateur de bande A/B, qui est illustré par le BS (Band Splitter).

Le fonctionnement est similaire aux ONU chez les abonnés. Nous avons aussi un couple émetteur-récepteur pour chaque ONU. Mais inversement en termes de bande spectrale, les émetteurs achromatiques à base de modulateurs en réflexion fonctionnent dans la bande spectrale A alors que les récepteurs détectent les signaux descendants dans la bande spectrale B. Un séparateur de bande est utilisé pour chaque ONU.

De nombreuses études ont été réalisées, se basant sur cette architecture : la transmission est réalisée sur une distance maximale de 25 km (20 km pour la fibre de transport et 5 km pour la fibre de distribution), un débit de 10 Gbit/s maximal par longueur d'onde dans le sens montant comme dans le sens descendant est offert, et la transmission est mono-fibre bidirectionnel ou bi-fibre sur le tronçon de transport (NGUYEN, 2011).

Aussi, en se basant sur l'architecture qui est montrée sur la figure 1.6, on nous fait part d'une transmission sur 20 km avec un débit symétrique atteignant 1,25 Gbit/s et un taux de partage de 40 utilisateurs. L'espacement entre longueurs d'onde est de 100 GHz (PAYOUX et *al*, 2005). Dans cette architecture, le SLED (diode superluminescente) joue le rôle de source large bande c'est-à-dire multi-longueurs d'onde et l'amplificateur optique à semi-conducteur en réflexion (RSOA : Reflective Semiconductor Optical Amplifier) joue le rôle de modulateur en réflexion dont le fonctionnement a été expliqué précédemment.

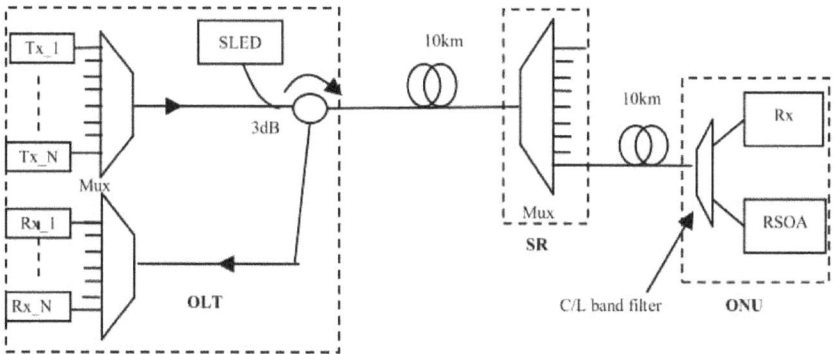

Figure 1.6 : Architecture de PON WDM (PAYOUX et *al*, 2005)

Une autre étude sur le WDM-PON pure a été faite sur une portée atteignant 20 km avec un débit de 2,5 Gbit/s pour les signaux descendants et 1,25 Gbit/s pour les signaux montants et dans laquelle le tronçon de transport comporte un amplificateur optique à semi-conducteur (SALIOU, 2010).

1.3.2. Technologie hybride WDM/TDM-PON proposée dans la littérature

Une étude a été réalisée concernant les architectures de PON combinant le multiplexage en longueurs d'onde et le multiplexage temporel dans la mesure où plusieurs ONU partagent la même longueur d'onde par l'intermédiaire d'un coupleur optique 1x8 ou 1x16 situé au niveau du point de distribution RN (PAYOUX, 2006).

Au terme de cette étude, la transmission est réalisée sur une distance maximale de 20 km, le débit maximal atteint est de 1,25 Gbit/s dans le sens descendant et 2,5 Gbit/s dans le sens montant. L'espacement entre les longueurs d'onde utilisées est de 100 GHz ou de 20 nm. Cette étude a été reprise avec un débit atteignant 2,5 Gbit/s pour le sens descendant (SALIOU, 2010).

Conclusion

Dans ce chapitre, nous avons présenté, dans sa globalité le réseau d'accès et plus spécifiquement, le réseau d'accès optique qui s'inscrit dans le cadre de ce projet de mémoire. Nous avons aussi montré le contexte de la montée en débit dans le réseau d'accès, ce qui est dû notamment à la croissance très rapide des services de communication fortement développés aujourd'hui. Donc, l'introduction de la fibre optique dans le réseau d'accès est incontournable afin d'assurer cette demande en débit. Ensuite, les avantages et inconvénients des différentes technologies en terme de multiplexage et ceux s'articulant particulièrement autour du multiplexage en longueurs d'onde ont été exposés. Enfin, nous avons résumé les technologies de multiplexage en longueurs d'onde proposées dans la littérature.

Une fois que tous les aspects précédents ont été abordés, le chapitre suivant se consacrera à une présentation des architectures et des caractéristiques du réseau d'accès utilisant le multiplexage en longueurs d'onde.

CHAPITRE **2** ⎯⎯⎯⎯⎯⎯⎯⎯⎯⎯⎯⎯⎯⎯⎯⎯⎯⎯⎯⎯

La technologie WDM dans le réseau d'accès optique passif

Introduction

Dans ce chapitre, nous présentons les différentes architectures couramment utilisées pour le réseau WDM-PON et nous abordons les différents composants utilisés pour cette technologie d'accès. Les spécifications relatives à la bande spectrale de longueurs d'onde ainsi que les catégories de systèmes WDM sont décrites.

2.1. Architectures du réseau d'accès WDM-PON

Il existe principalement deux techniques de PON WDM, l'une utilisant un coupleur comme composant de répartition et faisant ce qu'on appelle du "broadcast and select" (diffusion puis sélection), l'autre utilisant un multiplexeur. Ces deux techniques sont détaillées ici.

2.1.1. Architecture WDM-PON "Broadcast and Select "

2.1.1.1. Principe

L'intérêt principal de cette architecture est qu'elle est une évolution aisée de l'architecture des PON actuels. Le composant principal qu'est le coupleur passif 1xN est conservé. Il permet de diffuser toutes les longueurs d'onde émises par le central à tous les clients ("Broadcast"). Ensuite il s'agit à chaque ONU de filtrer correctement pour ne recevoir que les données qui lui sont destinées ("Select"). L'inconvénient est qu'il faut autant de filtres

23

différents que de clients raccordés au coupleur. Une solution plus souple est d'avoir un filtre accordable (indépendant de la longueur d'onde) chez chaque client, et d'accorder la longueur d'onde de filtrage correctement à distance. Ceci permet d'avoir des modules identiques à l'ONU, ce qui est favorable à la production de masse et à une baisse des coûts.

La figure 2.1 illustre le fonctionnement du sens descendant d'un PON "broadcast and select" et la figure 2.2 illustre le code utilisé pour les multiplexeurs dans les prochaines figures.

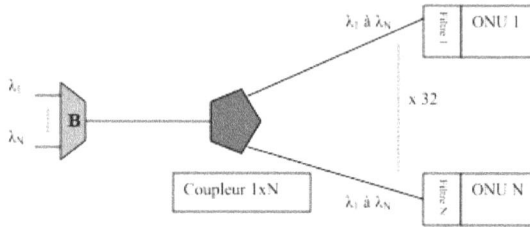

Figure 2.1 : Schéma du sens descendant d'un PON WDM "broadcast and select" (PAYOUX, 2006).

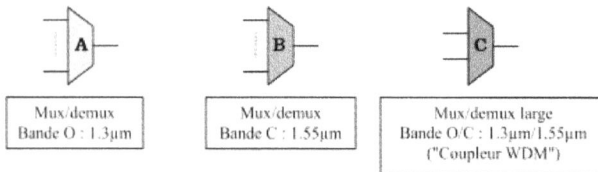

Figure 2.2 : Codes des multiplexeurs utilisés dans les schémas.

Comme avantages présentés par cette architecture :

◈ le coupleur est un composant passif peu cher (par rapport à un multiplexeur) et est déjà le composant principal des autres alternatives PON, ce qui peut donc favoriser son utilisation dans les réseaux WDM ;

◈ elle est compatible avec une migration à partir d'une architecture PON TDM ;

◈ l'intérêt de la diffusion est toujours présent ;

◈ elle est très flexible et facile à reconfigurer.

Quant aux inconvénients présentés par cette architecture :

◈ les pertes du coupleur sont proportionnelles au nombre de ports N : les pertes en décibel valent $10 \times \log(N)$ (PAYOUX, 2006). A ces pertes, fonction du partage, il faut rajouter les pertes intrinsèques du coupleur, les pertes dues à la fibre (20 km équivalent environ à 5 dB), les pertes des filtres optiques, les pertes des multiplexeurs à l'OLT ainsi que les pertes des soudures et connecteurs (1 à 2 dB). Ce budget de liaison fait qu'il est difficile de dépasser 64 ONU par PON comme dans les PON TDM (PAYOUX, 2006);

◈ la diffusion impose l'utilisation d'un cryptage des informations pour préserver la confidentialité des données, tout comme dans les PON TDM.

2.1.1.2. WDM descendant / TDM montant

Si l'on considère un débit asymétrique, donc un débit plus faible de l'ONU vers le central (montant), on peut avoir un accès multiple en temps (TDMA) dans le sens montant et donc émettre sur la même longueur d'onde à partir de chaque ONU. Cette solution permet de garder la technique déjà utilisée et éprouvée dans les PON actuels TDM et d'avoir toujours des modules d'émission identiques.

Pour le sens descendant, l'utilisation d'un peigne de longueurs d'onde permet d'allouer une ou plusieurs longueurs d'onde à un utilisateur. Une solution pour un démultiplexage moins coûteux entre les canaux descendants et montants, est d'utiliser la bande C (1530-1565 nm) pour les flux descendants et λ_0 à 1310 nm pour le flux montant comme l'indique la figure 2.3. La séparation des signaux ne nécessite qu'un multiplexeur 1,3 µm / 1,5 µm. A noter qu'un filtre en longueur d'onde est toujours nécessaire pour chaque utilisateur.

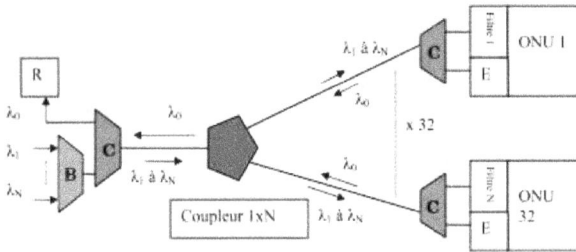

Figure 2.3 : "Broadcast and Select", WDM descendant / TDM montant (PAYOUX, 2006).

2.1.1.3. WDM dans le sens montant et descendant

Il est possible d'allouer une longueur d'onde montante par utilisateur pour avoir une capacité plus importante pour le flux montant et simplifier les problèmes de synchronisation apportés par le TDMA. Deux longueurs d'onde sont associées à chaque ONU. Deux bandes de longueurs d'onde sont alors

26

utilisées pour séparer les flux montants et descendants : bande O et C par exemple comme dans la Figure 2.4.

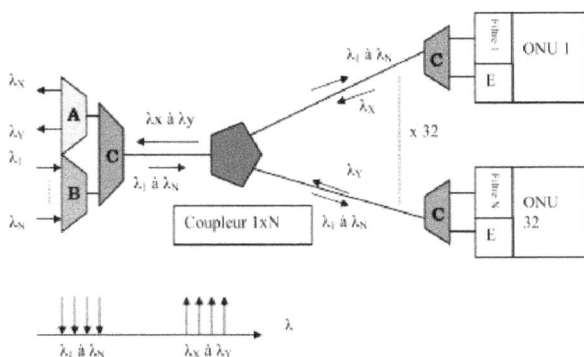

Figure 2.4 : "Broadcast and Select", WDM dans les deux sens (PAYOUX, 2006).

Plusieurs solutions pour l'émission sont possibles :

◈ Un émetteur fixe avec une longueur d'onde différente par ONU. L'inconvénient est que c'est une solution figée et il faut à chaque fois des lasers différents ;

◈ Une solution plus souple est obtenue avec un laser accordable permettant d'avoir des modules identiques ;

◈ Une solution équivalente et potentiellement moins chère est de réutiliser une longueur d'onde descendante (celle qui transporte le flux descendant ou bien une seconde longueur d'onde qui fait office de porteuse non modulée), ce qui rend le module à l'ONU indépendant de la longueur d'onde. L'intérêt de réutiliser la même infrastructure pour les flux montants et descendants se comprend par l'économie réalisée en terme de composants et de fibre mais un fort inconvénient est présent :

27

le passage par le coupleur, qui fait office de multiplexeur, entraîne des pertes de puissance importantes pour chaque canal ($10 \times \log(N)$ pour un coupleur 1xN). Le budget de liaison est donc très affecté par le passage dans le coupleur, ce qui empêche le développement de cette architecture pour des distances plus importantes et pour un plus grand nombre de clients, sans l'utilisation d'amplificateurs optiques.

2.1.2. Architecture WDM-PON avec démultiplexage de longueurs d'onde

Le composant qui effectue la répartition des flux descendants n'est pas un coupleur mais un démultiplexeur qui va orienter chaque longueur d'onde vers l'ONU correspondant. La figure 2.5 montre le schéma global correspondant à cette architecture.

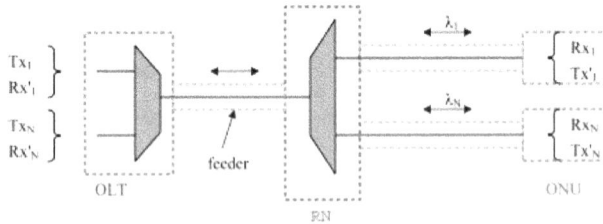

Figure 2.5 : Schéma de l''architecture avec démultiplexeur au point de répartition (PAYOUX, 2006).

Le principe de cette technique consiste d'abord à multiplexer les longueurs d'onde descendantes à l'OLT et à les propager sur la fibre principale ("feeder") jusqu'au point de répartition RN. Dans celui-ci, un démultiplexeur sépare les longueurs d'onde et envoie chacune d'elle vers l'ONU qui lui correspond, qui reçoit donc uniquement ses données. Il s'agit d'une architecture en arbre.

28

Pour le sens montant, chaque client a un laser de longueur d'onde différente qui correspond au port du multiplexeur (au RN) sur lequel il est connecté. Tous les signaux montants sont multiplexés puis envoyés sur la fibre principale et démultiplexés à l'OLT.

Cette architecture présente plusieurs avantages :

◈ **Le récepteur est le même chez chaque client** (un seul filtre large bande, 1,3 µm / 1,5 µm par exemple, est nécessaire pour séparer les longueurs d'onde montantes et descendantes) ;

◈ **La confidentialité des informations est élevée dans la mesure où le client ne reçoit que les informations qui le concernent.** Il faut quand même apporter une nuance car il existe une diaphonie entre canaux WDM, donc un client reçoit une faible puissance de la longueur d'onde voisine mais celle-ci est généralement 25 à 30 dB inférieure à la puissance du canal principal. La récupération illicite de ces données est donc très difficile.

◈ **Les pertes optiques du multiplexeur sont fixes, liées à la technologie et indépendantes du nombre de ports.** Si l'on veut augmenter le nombre de ports à 64 s'il s'agit d'un coupleur, les pertes optiques de celui-ci vont devenir trop importantes pour l'architecture, tandis qu'avec un multiplexeur il n'y a pas plus de pertes qu'avec un composant à 16 ports. Pour un AWG les pertes sont de l'ordre de 3,5 dB et le nombre de ports peut monter jusqu'à 80 et au-delà s'il existe un besoin.

Toutefois, les inconvénients majeurs de cette architecture sont :

29

◈ **Le prix du multiplexeur/démultiplexeur** qui se compte par canal et qui diminue régulièrement au fur et à mesure que les volumes de production augmentent.

◈ **Il s'agit d'une solution figée.** Lorsqu'un client est connecté à un port du multiplexeur, une longueur d'onde lui est attribuée physiquement et il est impossible d'en changer à moins de le brancher sur un autre port.

2.2. Caractéristiques du réseau d'accès WDM-PON

2.2.1. Bandes de longueurs d'onde utilisées

Afin de fournir une très grande capacité pour les systèmes de transmission optique, il est nécessaire d'avoir une plage aussi large que possible de longueurs d'onde de fonctionnement. Le choix de la gamme de longueurs d'onde de fonctionnement dépend de plusieurs facteurs dont le type de fibre, les caractéristiques de la source, l'atténuation et la dispersion de la fibre.

Dans les Recommandations de l'ITU-T, les bandes spectrales sont définies pour les systèmes utilisant des fibres monomodes suivant le tableau 2.1.

30

Tableau 2.1 : Les différentes bandes spectrales de longueurs d'onde (ITU-T Manual, 2009).

Noms des bandes	Descriptions	Bandes spectrales (nm)
Bande O	Original	1260 à 1360
Bande E	Extended	1360 à 1460
Bande S	Short wavelength	1460 à 1530
Bande C	Conventional	1530 à 1565
Bande L	Long wavelength	1565 à 1625
Bande U	Ultra-long wavelength	1625 à 1675

2.2.2. Catégories de systèmes WDM

L'espacement entre canaux est défini comme étant la différence entre les longueurs d'onde de deux canaux optiques adjacents. Il est limité par la diaphonie entre canaux adjacents et lié à de nombreux facteurs : le débit par canal, le format de modulation, et les variations autour de la longueur d'onde centrale (en raison de la fabrication du laser et les variations de température du laser).

La Recommandation ITU-T G.671 définit trois catégories de systèmes WDM comme indiqué sur la figure 2.6 :

◈ Coarse Wavelength Division Multiplexing (CWDM), encore appelé multiplexage par répartition espacée en longueur d'onde, dont l'espacement entre canaux adjacents est inférieur à 50 nm, mais supérieur à 1000 GHz (correspondant à un espacement de 8 nm à 1550 nm) ;

◈ Dense Wavelength Division Multiplexing (DWDM), encore appelé multiplexage par répartition dense en longueur d'onde, dont l'espacement entre canaux adjacents est inférieur ou égal à 1000 GHz (correspondant à un espacement de 8 nm à 1550 nm) ;

◈ Wide Wavelength Division Multiplexing (WWDM), dont l'espacement entre canaux adjacents est supérieur ou égale à 50 nm.

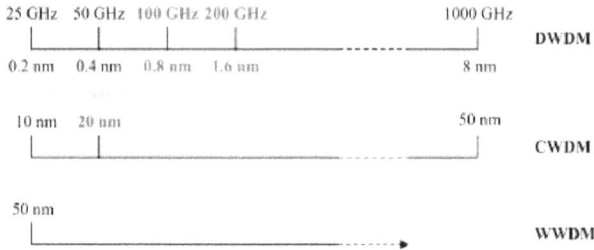

Figure 2.6 : Types de systèmes WDM (ITU-T Manual, 2009).

La Recommandation ITU-T G.694.1 définit un ensemble de grilles de longueurs d'onde pour les applications DWDM et la Recommandation ITU-T G.694.2 approuvée le 14 Décembre 2003 définit une grille de longueurs d'onde pour des applications CWDM. Dans une bande spectrale donnée (par exemple 1530-1565 nm pour la bande C), le nombre de canaux pour un système WDM dépend de l'espacement entre canaux de la bande. À l'heure actuelle, une spécification pour une grille de longueurs d'onde concernant les applications WWDM n'est pas prévue car ces applications ne sont encore d'aucune utilité (ITU-T Manual, 2009).

2.2.3. Coarse WDM (CWDM) et Dense WDM (DWDM)

Une des solutions bas coût envisagée pour les réseaux d'accès optiques est l'utilisation du CWDM, c'est-à-dire des canaux WDM espacés de 20 nm, ce qui est un espacement spectral conséquent (ITU-T Manual, 2009 ; BANERJEE et *al*, 2005 ; PAYOUX, 2006). Le CWDM est principalement utilisé dans le réseau de distribution tandis que le DWDM est plutôt réservé aux transmissions longues distances pour le moment. L'intérêt du CWDM par rapport au DWDM est que l'espacement spectral important autorise une dérive en longueur d'onde d'émission des lasers ainsi qu'une dérive en fréquence des multiplexeurs. En effet si l'espacement spectral entre les canaux est très fin, le laser doit être régulé en température, pour pouvoir garder une longueur d'onde d'émission très précise et fixe, car une légère dérive en longueur d'onde ferait changer le canal emprunté dans le multiplexeur.

Le CWDM permet donc d'utiliser des lasers non refroidis; c'est-à-dire admettant une dérive en température autour de la longueur d'onde centrale et beaucoup moins précis ainsi que des AWG athermiques également non contrôlés en température. C'est un grand avantage pour une application à l'accès car le coût du laser à l'OLT et à l'ONU est alors plus faible et il est tout à fait possible de placer le multiplexeur dans un point de répartition sans alimentation extérieure et avec une maintenance réduite. Ce sont des composants bas coûts par rapport à ceux du DWDM, ce qui constitue la composante la plus importante pour les réseaux d'accès. Par contre, le nombre de canaux est limité du fait de l'espacement.

Un aspect important à observer est également les problèmes que peuvent amener l'utilisation de longueurs d'onde très éloignées spectralement, en termes d'atténuation et de dispersion chromatique. En effet, si à 1550 nm on se trouve environ à 0,2 dB/km d'atténuation, il n'en est pas de même aux extrémités de la bande pour lesquelles on atteint environ 0,5 dB/km. Cela veut dire que pour une distance de 20 km le bilan de liaison peut varier de 6 dB (20*(0,5-0,2)) entre deux longueurs d'onde, ce qui n'est pas négligeable. Le réseau serait alors à dimensionner par rapport au cas le plus défavorable. De même pour la dispersion chromatique, si à 1260 nm, elle est de -5 ps/nm/km, elle monte à presque +25 ps/nm/km à 1620 nm (PAYOUX, 2006). Cela est montré sur la figure 2.7.

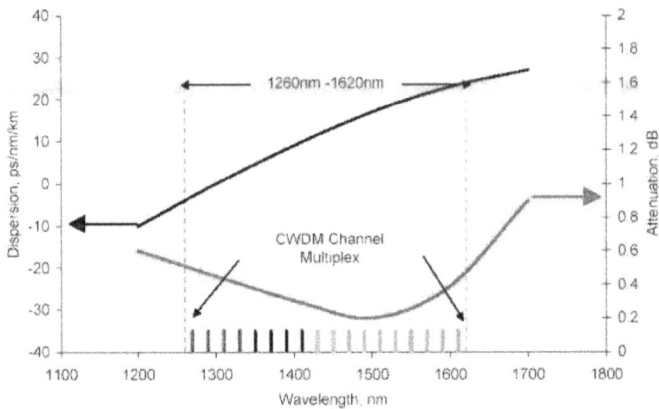

Figure 2.7 : Spectre d'atténuation et de dispersion chromatique d'une fibre monomode standard sur la bande 1260 nm - 1620 nm (PAYOUX, 2006).

Conclusion

De façon succincte, il a été question dans ce chapitre d'exposer les différentes architectures utilisées dans le déploiement des réseaux d'accès optiques de type WDM-PON. En outre, les spécifications en termes de bande spectrale relatives à ce type de réseau d'accès optique et définies notamment par les organismes de normalisation à l'instar de l'Union Internationale des Télécommunications (UIT) ont été longuement discutées. Enfin, des explications portant sur les catégories de systèmes WDM ont été données. Cela pose donc les bases du travail à réaliser que nous aborderons dans la seconde partie de ce mémoire.

PARTIE **2** CONCEPTION ET REALI-
SATION DU SYSTEME

CHAPITRE 3 : Les outils d'aide à la conception et à l'évaluation.

CHAPITRE 4 : Modélisation du système hybride WDM/TDM-PON.

CHAPITRE **3**
Les outils d'aide à la conception et à l'évaluation

Introduction

Ce chapitre est consacré dans sa première partie à la présentation de l'outil d'aide à la conception et la réalisation de notre système. Ensuite, nous détaillons les critères et méthodes d'évaluation de la qualité des systèmes de transmission optique. Pour terminer, nous spécifions les caractéristiques d'une chaîne de transmission optique.

3.1. Le simulateur système OptiSystem

Les systèmes de transmissions optiques présentent une complexité dans leur modélisation et leur simulation. La conception et l'analyse de ces systèmes incluent des composants non linéaires et des sources de bruit non Gaussien, ce qui ne facilite pas la tâche au concepteur. En conséquence, ces systèmes doivent être mis en œuvre efficacement à l'aide des logiciels de pointe. Ces derniers peuvent être une aide à la conception et à la prise de décision, tout en évitant la multiplication d'essais compliqués et onéreux. Ils permettent de prendre en compte les améliorations technologiques des composants, parfois même avant qu'ils ne soient disponibles sur le marché. Non seulement ils vont mesurer la qualité de transmission d'une liaison, mais aider à en optimiser les performances.

S'inscrivant dans ce dynamisme, OptiSystem (Optical Communication Design Software) est un simulateur système qui permet aux scientifiques et aux ingénieurs de modéliser, simuler, analyser et concevoir tout module de système de transmission, allant du dispositif le plus élémentaire, au système complet de communication. Il comprend une bibliothèque étendue de composants dont on peut facilement faire varier les paramètres physiques. Une interface graphique utilisateur (Graphical User Interface (GUI)) exhaustive permet de manipuler les modèles graphiques de composants.

3.2. Les critères d'évaluation de la qualité d'une transmission

Dans les systèmes de transmission, lorsque l'on doit tester un émetteur, il faut prendre en compte des cas de figures réalistes de fonctionnement du système. On utilise pour cela une séquence de bits permettant de tester toutes les combinaisons de 2^N-1 bits. Cette séquence est appelée PRBS (Pseudo Random Binary Sequence). Elle permet d'évaluer les effets de bits isolés, ou de groupes de bits. Le nombre entier N pouvant prendre une valeur donnée entre 7 et 31, ce qui fixera la longueur des séquences. Pour tester l'ensemble de ces combinaisons binaires, on utilise un outil qui permet après la réception du signal, de visualiser pendant un temps, la superposition de toutes ces séquences (PETIT FERRUFINO, 2010). Ce procédé de caractérisation qualitative nommé diagramme de l'œil est tout d'abord détaillé dans le paragraphe qui suit, puis est présenté le procédé d'évaluation quantitative utilisant le comptage des erreurs binaires.

3.2.1. Le diagramme de l'œil et le taux d'extinction

Le diagramme de l'œil permet de visualiser la qualité d'un signal dans le domaine temporel en superposant un grand nombre de séquences binaires en temps réel au moyen d'un oscilloscope rapide synchronisé sur le signal d'horloge du signal de données. Pour superposer tous les bits, il suffit de faire glisser temporellement chaque séquence bit à bit. La figure 3.1 illustre schématiquement ce principe.

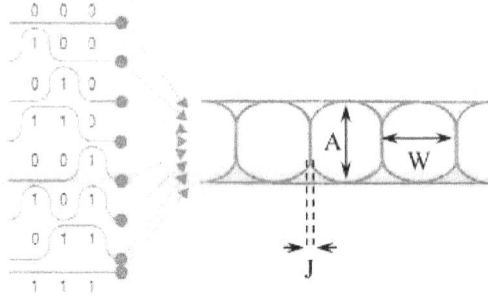

Figure 3.1 : Principe de constitution d'un diagramme de l'œil (PETIT FERRUFINO, 2010).

Le diagramme de l'œil sera d'autant plus meilleur que le niveau des 1 et des 0 sera distant, on parle alors d'ouverture de l'œil (voir figure 3.1, variable A). Lorsque le signal est de mauvaise qualité, cette ouverture se ferme soit horizontalement, soit verticalement. Le bruit du signal présent au niveau des 1 ou des 0 est donc très préjudiciable puisque le diagramme de l'œil va sommer toutes les contributions de bruit de tous les bits, générant ainsi un nuage de points dont on peut extraire par la suite la distribution de probabilité. Cette distribution de bruit sera différente sur les 1 et sur les 0.

L'ouverture verticale de l'œil est caractérisée par le taux d'extinction (Extinction Rate (ER)) qui est défini par le rapport des puissances moyennes des 1 et des 0. Pour minimiser les pénalités en puissance reçue, le taux d'extinction doit être maintenu à une valeur typique au-dessus de 10 dB jusqu'à 2,5 Gbit/s et 8 dB à 10 Gbit/s. Cela revient à garder une ouverture

38

constante du diagramme de l'œil sans qu'il y ait une augmentation de la puissance moyenne des symboles 0.

$$ER_{dB} = 10 \log\left(\frac{P_1}{P_0}\right) \tag{3.1}$$

Où P_0: est la puissance optique moyenne au centre de la valeur logique 0, tandis que P_1 est celle au centre de la valeur logique 1.

On peut également déduire d'un point de vue de la dégradation temporelle, la gigue (voir figure 3.1, variable J) des fronts montant et descendant des impulsions. Dans le diagramme de l'œil, ce bruit se trouve au niveau des croisements des transitions entre les bits 0 et 1. Ce phénomène est accentué par la mesure en elle-même car la synchronisation entre l'horloge et les bits de données dépend de la qualité de traitement de l'oscilloscope qui est alors caractérisé par sa propre gigue appelée jitter. Ce bruit peut aggraver une fermeture horizontale de l'œil (voir figure 3.1, variable W) qui correspond en quelque sorte à la largeur de la superposition de toutes les impulsions.

3.2.2. Le taux d'erreurs binaires (TEB)

Comme ce sont des données numériques qui sont transmises, c'est-à-dire une succession de 0 et de 1, le critère le plus intuitif quant à la caractérisation de la qualité du signal transmis est le taux d'erreurs binaires, ou BER (Bit Error Ratio). Du fait du bruit et des effets de propagation, le signal se déforme et il peut arriver qu'un 1 soit détecté en lieu et place d'un 0 ou réciproquement, si le signal à détecter passe de l'autre côté du seuil de décision. Le taux d'erreurs binaires est le rapport du nombre d'erreurs de transmission, c'est-à-dire du nombre de fois où un 1 a été détecté à la place d'un 0 ou vice-versa, sur le nombre total de bits transmis.

3.2.3. Le facteur de qualité Q

Le facteur de qualité Q permet de faire le parallèle avec le taux d'erreurs binaires de telle sorte qu'il ne soit pas nécessaire de compter les erreurs mais de considérer tout simplement les amplitudes moyennes V_1 et V_0 respectives des bits 1 et 0 ainsi que la valeur de leur écart type σ_1 et σ_0. Dans l'hypothèse que le bruit sur les 1 et les 0 suit une loi de probabilité gaussienne, et en considérant que les bits 1 et 0 sont équiprobables, on utilise la fonction *erfc* pour déterminer la valeur du taux d'erreurs binaires :

$$BER = \frac{1}{4}\left[erfc\left(\frac{V_s - V_0}{\sigma_0\sqrt{2}}\right) + erfc\left(\frac{V_1 - V_s}{\sigma_1\sqrt{2}}\right)\right] \quad (3.2)$$

$$BER = \frac{1}{2}erfc\left(\frac{Q}{\sqrt{2}}\right) \quad (3.3)$$

$$BER \approx \frac{1}{\sqrt{2\pi}} \cdot \frac{e^{-\frac{Q^2}{2}}}{Q} \quad (3.4)$$

Avec V_s l'amplitude au seuil de décision et la fonction $erfc$ définie par :

$$erfc(x) = \frac{2}{\sqrt{\pi}}\int_x^{+\infty} e^{-y^2}\,dy \quad (3.5)$$

$$Q = \frac{V_1 - V_0}{\sigma_1 + \sigma_0} \quad (3.6)$$

Il est usuel d'utiliser la courbe de correspondance du facteur Q avec le taux d'erreurs binaires qui est illustré par la figure 3.2. Pour considérer qu'une transmission est sans erreurs, le TEB doit être inférieur ou égal à 10^{-9}. Ce qui correspond à un facteur de qualité supérieur ou égal à 6 (VERNEUIL, 2003).

En définitive, la mesure la plus précise est le calcul du TEB. Mais c'est également la plus difficile à mettre en œuvre et elle nécessite des temps de calculs parfois extrêmement longs. Les besoins en temps de calculs et en ressources informatiques étant très importants pour le calcul du TEB ; nous choisissons donc d'évaluer les performances du système élaboré avec le facteur Q, méthode qui correspond à nos besoins et reste raisonnable en termes de temps et d'espace mémoire utile.

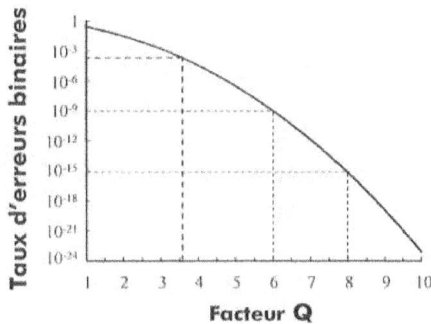

Figure 3.2 : Relation entre le facteur Q et le taux d'erreurs binaires (PETIT FERRUFINO, 2010).

3.3. Spécifications des différents modules d'une chaîne optique

Une chaîne optique est composée principalement d'un émetteur, d'une ligne de transmission et d'un récepteur. Le signal optique nécessite souvent une modulation et une amplification.

41

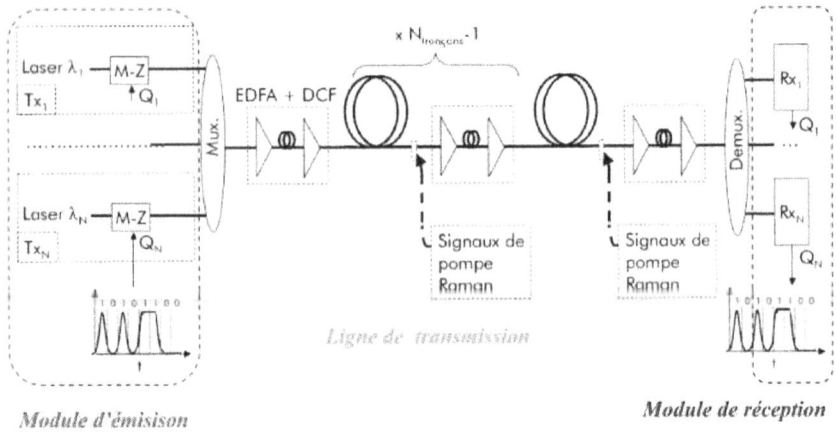

Figure 3.3 : Schéma de principe des systèmes de transmission terrestres sur fibres optiques (CHARLY, 2011).

Légende : *Tx : émetteur, Rx : récepteur, M-Z : modulateur, Mux. : multiplexeur, Demux. : démultiplexeur, EDFA : amplificateur à fibre dopée à l'Erbium, DCF : fibre de compensation de dispersion.*

3.3.1.   L'émetteur

Un émetteur optique est un composant qui sert à transformer le signal électrique à émettre en une intensité lumineuse modulée. Deux techniques de modulations sont généralement utilisées : la **modulation directe** et la **modulation externe**.

On parle de **modulation directe** lorsque la modulation de la lumière a lieu directement dans le générateur de lumière lui-même. C'est le cas de la plupart des émetteurs optiques actuels : les diodes électroluminescentes et les diodes laser.

On parle d'une **modulation externe** lorsque la modulation de la lumière a lieu dans un composant électro-optique en aval de la source de lumière. Le

42

générateur est alors la plupart du temps un laser avec un flux de lumière d'intensité constante.

La modulation directe, plus simple et moins coûteuse est encore très utilisée si les données sont transmises à un débit de quelques Gbit/s, selon la qualité du laser. Mais au-delà de 5 Gbit/s, la modulation externe est indispensable pour maintenir une qualité de transmission correcte (VERNEUIL, 2003).

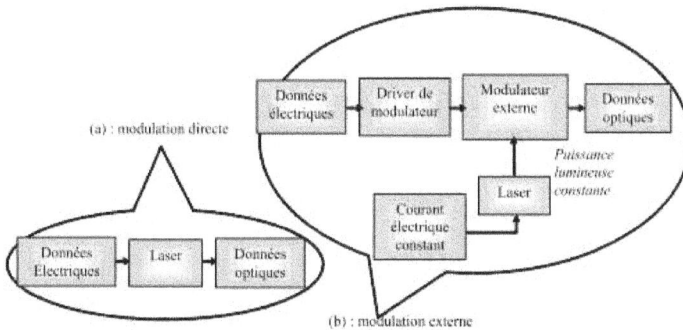

Figure 3.4 : Les deux méthodes de modulation du laser (CHARLY, 2011).

3.3.2. La ligne de transmission

Le support de transmission est la fibre monomode G.652, car elle offre une grande bande passante et est peu tolérant aux phénomènes de dispersion pour une transmission sur de grande portée. Elle est associée à des fibres de compensation de dispersion et des amplificateurs à fibre dopée erbium (voir figure 3.3). Le format de modulation retenu est de type NRZ pour Non-Retour à Zéro, c'est-à-dire que l'amplitude de l'enveloppe ne revient pas au niveau bas entre deux symboles « 1 ».

3.3.3. Le récepteur

Un récepteur optique est un composant qui sert à convertir le rayonnement (intensité lumineuse) lumineux modulé reçu en un signal électrique. C'est le cas d'une photodiode. Le récepteur optique doit donc assurer les fonctions suivantes :

◈ un bon couplage avec la sortie de la fibre optique ;

◈ la conversion de l'intensité lumineuse en un signal électrique (démodulation) ;

◈ le filtrage et l'amplification du signal ;

◈ dans le cas d'un signal numérique, la prise de décision sur la présence d'un 0 ou d'un 1 (régénération).

Conclusion

La prise de connaissance du simulateur système utilisé afin de mettre au point notre modèle conformément aux objectifs fixés tout au début de ce mémoire, ainsi que des différents critères d'évaluation qualitative et quantitative d'une transmission optique ont fait l'objet de ce chapitre. Tous ces éléments constitueront donc dans la suite du travail, les outils d'aide à la prise de décision sur lesquels nous nous baserons en vue de l'élaboration de notre système et aussi d'une amélioration éventuelle de ses performances.

CHAPITRE **4**

Modélisation du système hybride WDM/TDM-PON

Introduction

Dans ce chapitre, nous faisons une présentation exhaustive du modèle de réseau d'accès optique passif de type WDM/TDM-PON élaboré, ainsi qu'une description des paramètres systèmes utilisés pour dimensionner les interfaces optiques. En outre, nous abordons le plan d'allocation des canaux WDM aussi bien pour la configuration CWDM que pour celle DWDM. Enfin, nous rendons compte de la méthode d'ingénierie optique utilisée afin d'établir un bilan de liaison pour ledit modèle.

4.1. Proposition d'un modèle de référence

Le modèle proposé est une architecture de réseau d'accès hybride WDM/TDM-PON bidirectionnel car, pour une implémentation pratique du système WDM-PON dans le réseau d'accès, une architecture bidirectionnelle mono-fibre est toujours souhaitée pour une raison économique. En effet, l'utilisation d'un seul équipement jouant à la fois le rôle de multiplexeur et de démultiplexeur au point de distribution, l'utilisation d'une fibre pour les deux sens de transmission, permettent de réduire le coût de déploiement du réseau. En outre, il est préférable d'avoir des architectures mono-fibre pour des facilités de maintenance opérationnelle. Il est plus facile d'intervenir sur une seule fibre dont on sait qu'elle transporte les flux montants et descendants.

45

4.1.1. Présentation du modèle

Le modèle du réseau d'accès hybride WDM/TDM-PON que nous avons mis au point est présenté dans la figure 4.1 ci-dessous. La liaison entre l'OLT localisé au central et le point de distribution utilise une fibre de transport, ainsi que la liaison entre le point de distribution RN et chaque PON utilise une fibre de distribution. Le signal modulé dans le sens descendant (portant les données en descendant), le signal de distribution en continu et le signal modulé dans le sens montant (portant les données en montant) sont donc transmis sur la même fibre.

Nous distinguons principalement cinq différentes parties pour notre liaison :

1. L'OLT
2. La fibre de transport
3. Le point de distribution
4. Les fibres de distribution
5. Les PON

Les deux sens de transmission sont également montrés sur cette figure 4.1.

46

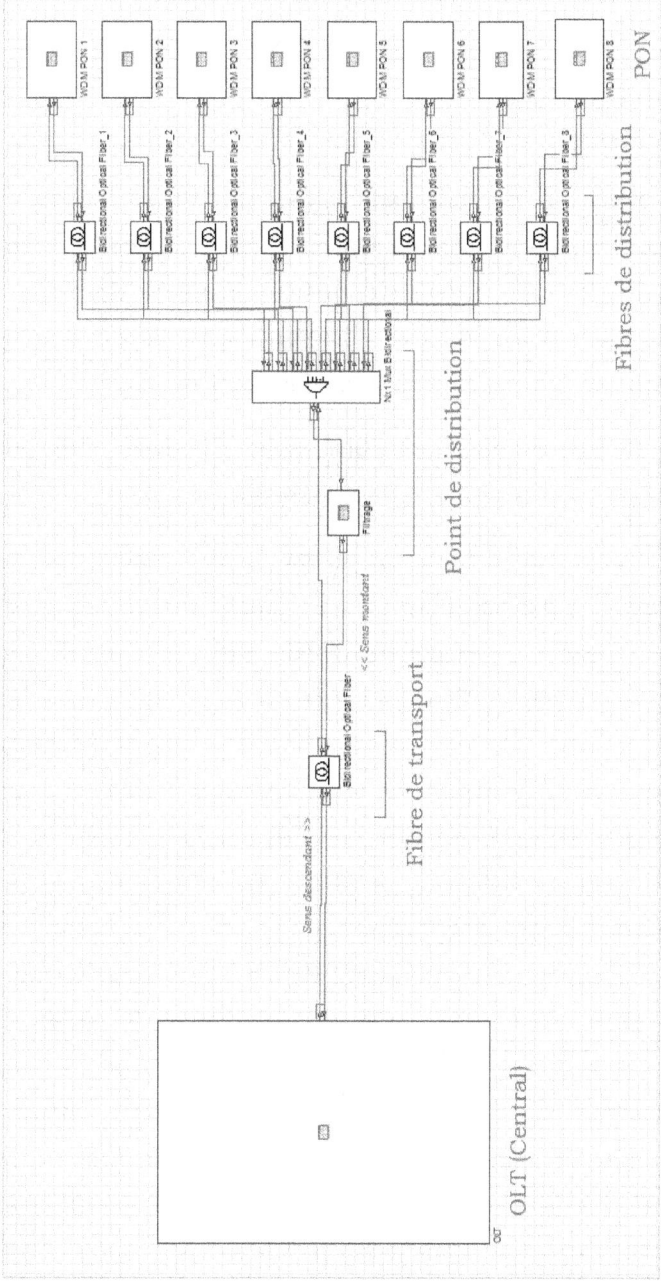

Figure 4.1 : Schéma du modèle d'architecture de réseau WDM/TDM-PON de référence.

4.1.2. Description détaillée des différentes parties de l'architecture

4.1.2.1. L'OLT

C'est la partie qui regroupe l'équipement de tête du réseau situé au niveau de l'opérateur de télécommunication et qui s'occupe de fournir des services très haut débit aux abonnés du réseau. Elle émet donc des flux de données dans le sens descendant vers différents utilisateurs et en reçoit des abonnés par le sens montant comme indiqué sur la figure 4.1.

Au sein du bloc représentant l'OLT, nous retrouvons principalement trois (03) sous-parties comme l'indique la figure 4.2 :

◈ Le bloc d'émission des canaux WDM : Il est désigné par « *WDM Transmitter* ». Il est constitué d'un ensemble de sources lasers qui génère un peigne de longueurs d'onde avec un espacement entre canaux bien défini, et d'un ensemble de modulateurs, chacun étant associé à un laser afin de constituer un signal modulé (voir figure 3.3 de la section 3.3). Ensuite, il y a un multiplexeur « *WDM Mux ES* » qui combine les différents signaux optiques modulés pour n'en former qu'un seul signal multiplex, qui sera donc envoyé vers le point de distribution via la fibre de transport.

◈ Le bloc de réception des canaux WDM : Il est composé d'un module de « *Préamplification* » dont le rôle est d'amplifier le signal optique montant provenant du point de distribution, reçu avec un niveau de puissance très bas, afin de permettre une meilleure détection à la réception par les photodiodes. Il est à noter que le filtre « *Rectangle Optical Filter* » à l'intérieur de ce module, est chargé d'éliminer d'éventuels signaux rétrodiffusés provenant des canaux du sens

48

descendant. Ensuite, vient le démultiplexeur « *WDM Demux ES* » dont le rôle est de démultiplexer chaque longueur d'onde contenue dans le signal en sortie du préamplificateur. Enfin, il y a des récepteurs « *Optical Receiver* », chacun étant supposé recevoir une longueur d'onde précise. Ces récepteurs intègrent respectivement une photodiode chargée de détecter et de convertir le signal lumineux en signal électrique, un filtre pour supprimer le bruit accompagnant le signal, et un régénérateur constitué par un circuit de décision et un circuit de synchronisation notamment synchronisé à la fréquence rythme du signal transmis pour le reconstituer. Un analyseur de taux d'erreurs binaires « *BER Analyser* » est placé juste à la sortie du régénérateur afin de détecter d'éventuelles erreurs dans la transmission et pour visualiser le diagramme de l'œil. Pour des raisons de coût économique, le module de « *Préamplification* » est placé avant le démultiplexeur « *WDM Demux ES* ». Cette solution permet d'amplifier l'ensemble des canaux, et évite d'avoir autant de modules de préamplifications que de récepteurs.

◈ Le circulateur optique : Il permet de séparer les signaux descendants des signaux montants pour qu'il n'y ait pas d'interaction entre ces deux signaux, car le tronçon de transport est mono-fibre bidirectionnel.

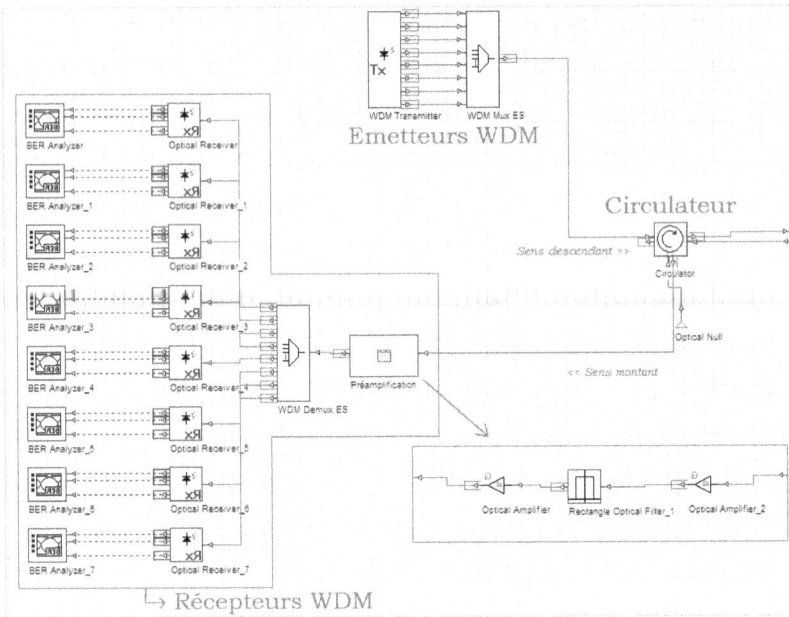

Figure 4.2 : Schéma des modules constituant l'OLT.

4.1.2.2. La fibre de transport et les fibres de distribution

Le tronçon de transport qui est le tronçon principal de notre architecture est matérialisé par une fibre de transport « *Bidirectional Optical Fiber* » comme montré sur la figure 4.1 ci-dessus. Cette fibre est bidirectionnelle c'est-à-dire qu'elle achemine les signaux dans les deux sens de transmission et permet le raccordement entre l'OLT situé au Central et le point de distribution.

A l'instar de la fibre de transport, les fibres de distribution sont bidirectionnelles et permettent de raccorder différents PON à chaque sortie du démultiplexeur situé au point de distribution. Donc, chacune de ces fibres permet de mutualiser le tronçon de distribution entre différents abonnés d'un même PON.

4.1.2.3.Le point de distribution

Constitué de deux éléments à savoir le module de « *Filtrage* » et le multiplexeur bidirectionnel « *Nx1 Mux Bidirectional* » comme indiqué sur la figure 4.1 ci-dessus, le point de distribution permet de répartir les signaux provenant de l'OLT vers chaque PON.

Donc, le multiplexeur bidirectionnel « *Nx1 Mux Bidirectional* » joue le même rôle qu'un AWG (Arrayed Wavelength Grating) qui a été largement abordé dans les chapitres 1 et 2 de la première partie. Il se charge du multiplexage des signaux montants et du démultiplexage des signaux descendants. Chacun de ses ports de sorties étant associé à une longueur d'onde précise envoyée vers chacun des PON.

Quant au module de « *Filtrage* », il est uniquement utilisé lors de la transmission dans le sens montant. Il permet d'éliminer d'éventuels signaux rétrodiffusés en sortie du multiplexeur bidirectionnel avant de les introduire dans la fibre de transport afin de réduire les interférences entre les signaux montants et descendants. Il est composé d'un filtre et d'un amplificateur optique pour augmenter la puissance des signaux montants en sortie du multiplexeur.

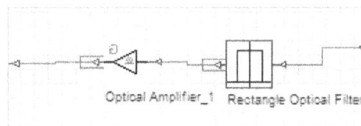

Optical Amplifier_1   Rectangle Optical Filter

Figure 4.3 : Schéma du module de « *Filtrage* » au point de distribution.

51

4.1.2.4. Les PON

Chaque PON regroupe un ou plusieurs ONU situés chez les abonnés, en fonction du taux de couplage. Tenant compte de la technologie des coupleurs actuels, on distingue des coupleurs 1x4, 1x8, 1x16, 1x32 et 1x64. La partie PON de notre architecture est montrée sur la figure 4.4. Comme l'indique la figure, le coupleur utilisé dans ce cas est celui 1x8. Mais, au cours de nos différentes simulations, nous ferons cas des autres types de coupleurs utilisés.

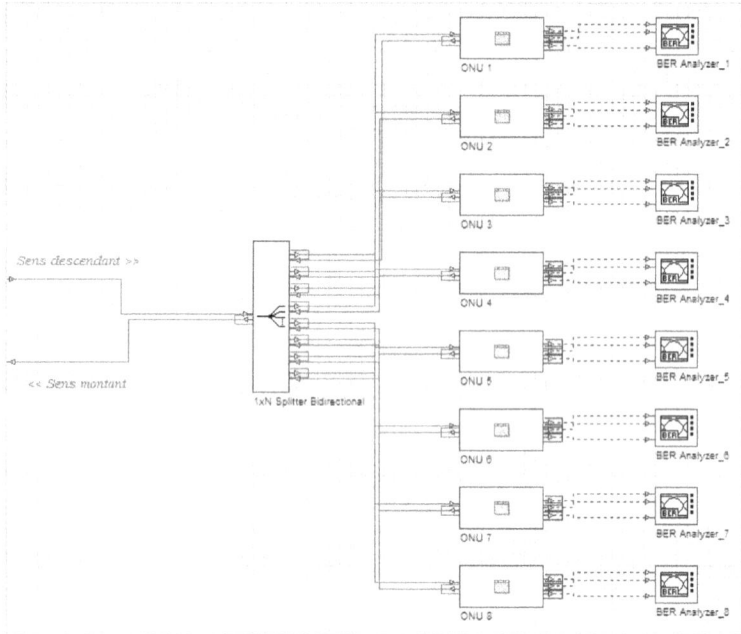

Figure 4.4 : Schéma illustrant un PON de l'architecture.

Au sein de chaque PON, les différents ONU reçoivent les signaux descendants sur une même longueur d'onde grâce au coupleur « *1xN Splitter*

52

Bidirectional ». Pour constituer le signal montant, une autre longueur d'onde est utilisée. A ce niveau, chaque ONU utilise le principe du TDMA sur cette longueur d'onde, c'est-à-dire que chaque ONU émet un signal modulé dans un intervalle de temps bien précis de telle manière qu'aucun ONU n'émette en même temps qu'un autre. Chaque ONU est ainsi caractérisé par le numéro de l'intervalle de temps qui lui est assigné au sein d'une trame. Cette trame est entièrement formée à la sortie du coupleur *« 1xN Splitter Bidirectional »* dans le sens montant.

L'analyseur du taux d'erreurs binaires *« BER Analyser »* joue les mêmes rôles que ceux décrits précédemment à la section 4.1.2.1 au niveau du bloc de réception de l'OLT.

En ce qui concerne chaque ONU, son schéma est montré sur la figure 4.5 :

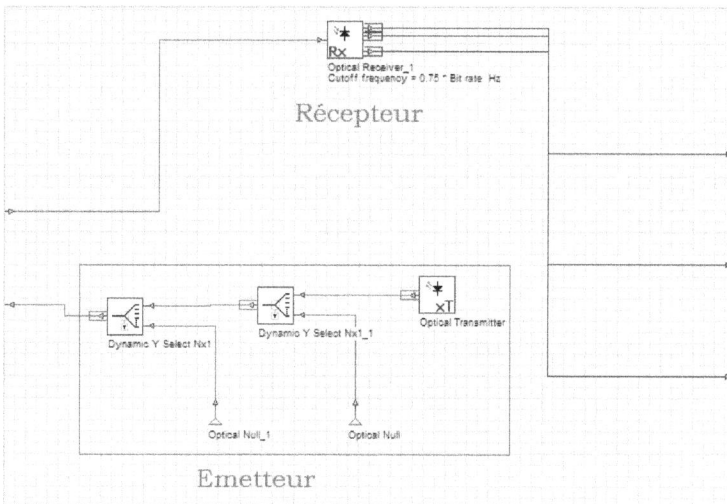

Figure 4.5 : Schéma montrant l'intérieur d'un ONU.

53

D'après ce schéma, chaque ONU est formé d'un bloc de réception « *Optical Receiver* » intégrant une photodiode PIN chargée de la détection et de la conversion du signal lumineux en signal électrique, suivi d'un filtre passe-bas pour supprimer le bruit accompagnant le signal, et un régénérateur constitué par un circuit de décision et un circuit de synchronisation notamment synchronisé à la fréquence rythme du signal transmis pour le reconstituer. Le bloc d'émission est composé d'un émetteur « *Optical Transmitter* » (qui intègre un générateur de données, un laser et un modulateur externe comme montré sur la figure 3.4 de la section 3.3.1), suivi de deux « *Dynamic Y Select Nx1* » responsables de l'attribution de l'intervalle de temps pendant lequel chaque ONU doit émettre sans interférer avec les autres.

4.1.3.   Description des paramètres optiques du système

Afin de rendre notre système très réaliste et pratique, nous utilisons des paramètres systèmes qui sont généralement pris en compte dans les caractéristiques des composants réels existants déjà dans les laboratoires, ou définis par l'UIT, ou disponibles dans le commerce, et actuellement déployés par les opérateurs de télécommunications. Il s'agit en gros de l'atténuation, de la dispersion des fibres, les différentes pertes dans les composants, …

4.1.3.1. Les paramètres des composants du système
4.1.3.1.1. Les émetteurs optiques

L'émetteur optique est généralement caractérisé par :

◈ Une **puissance moyenne d'émission** qui est la puissance à laquelle le signal optique est injecté sur la ligne de transmission. Cette puissance

54

doit être suffisamment élevée afin de permettre une meilleure détection à la réception, car ce signal s'accompagne toujours d'affaiblissements dus aux pertes dans les composants, aux pertes de couplage et à l'atténuation dans la fibre.

◈ Un **taux d'extinction** (voir section 3.2.1).

Aussi, la modulation de la lumière par le signal à transmettre doit pouvoir être réalisée facilement et l'émetteur doit présenter une bonne stabilité (permanence des propriétés) et une longue durée de vie (fiabilité).

Au niveau de l'OLT, le modèle de l'émetteur utilisé dans OptiSystem est « *WDM Transmitter* » tandis que celui utilisé aux différents ONU est appelé « *Optical Transmitter* ». Les paramètres de ces deux modèles de composants dépendent de la configuration des canaux WDM appliquée au système. Ils sont donc définis pour chaque type de configuration utilisé et présenté à la section 4.2.

Quant au multiplexeur WDM et au démultiplexeur WDM situé à l'OLT, les modèles disponibles dans la bibliothèque de OptiSystem sont appelés respectivement « *WDM Mux Es* » et « *WDM Demux Es* ». Le nombre de ports défini pour ces deux composants dépend du nombre de longueurs d'onde, conformément aux différentes configurations appliquées au système. Les paramètres du multiplexeur et du démultiplexeur sont donc présentés dans le tableau 4.1 :

Tableau 4.1 : Paramètres caractéristiques du multiplexeur et du démultiplexeur.

Paramètres	Valeurs
Bande spectrale (nm)	1311-1611
Largeur de bande à -3 dB (nm)	0,2 ou 0,4
Pertes d'insertion (dB)	3,5

4.1.3.1.2. Les récepteurs optiques

Un récepteur optique doit présenter les caractéristiques suivantes :

❖ Une faible perte de couplage avec la sortie de la fibre optique ;

❖ Une sensibilité suffisante pour la conversion de l'intensité lumineuse en un signal électrique à la longueur d'onde du rayonnement lumineux reçu ;

❖ Une largeur de bande suffisante pour le signal modulé ;

❖ Un niveau de bruit interne suffisamment faible ;

❖ Une bonne stabilité des caractéristiques dans le temps ;

❖ Une longue durée de vie (fiabilité).

Le modèle utilisé pour le récepteur est nommé « *Optical Receiver* » que ce soit à l'OLT qu'au niveau des ONU. Puisque la photodiode, le filtre et le régénérateur de signaux sont intégrés dans le récepteur, nous donnons donc leurs paramètres dans le tableau 4.2.

Afin de minimiser le bruit en sortie du récepteur, il faut filtrer le signal numérique dans une bande (0-ΔF) qui soit la plus petite possible, tout en ne créant pas d'interférences intersymboles, c'est-à-dire telle que la réponse du filtre à un symbole s'annule à tous les instants de décision sur les symboles voisins. Dans la pratique, ΔF est égale à 0,75 fois le débit.

Tableau 4.2 : Paramètres caractéristiques du récepteur à l'OLT et à l'ONU.

Paramètres	Valeurs
Sensibilité (A/W)	1
Courant d'obscurité (nA)	10
Fréquence de coupure (MHz)	0,75 * débit

4.1.3.1.3. Les composants passifs

Les paramètres des composants passifs utilisés et disponibles dans la bibliothèque des composants d'OptiSystem sont indiqués ci-dessous :

◈ **Circulateur** à l'OLT « *Circulator* » : Les pertes d'insertion du circulateur sont égales à 1 dB ;

◈ **Amplificateur** dans le module de préamplification et de filtrage optique « *Optical Amplifier* » : Le gain de l'amplificateur optique est égal à 30 dB ;

◈ **Multiplexeur bidirectionnel** au point de distribution « *Nx1 Mux Bidirectional* » : Le nombre de ports du multiplexeur bidirectionnel dépend du nombre de longueurs d'onde, conformément aux différentes configurations appliquées au système. Le tableau 4.3 donne donc les paramètres suivants :

Tableau 4.3 : Paramètres caractéristiques du multiplexeur bidirectionnel.

Paramètres	Valeurs
Bande spectrale (nm)	1311-1611
Largeur de bande à -3 dB (nm)	0,2 ou 0,4
Pertes d'insertion (dB)	3,5

◈ **Coupleurs optiques** au niveau des PON « *1xN Splitter Bidirectional* » : Les coupleurs optiques utilisés sont achromatiques, c'est-à-dire indépendants de la longueur d'onde. Leurs paramètres sont indiqués dans le tableau 4.4 :

Tableau 4.4 : Paramètres caractéristiques du coupleur bidirectionnel.

Paramètres	Valeurs
Nombre de ports	4 ; 8 ; 16 ; 32 ou 64
Pertes d'insertion (dB)	1,5

Etant donné que les pertes dans les coupleurs sont en fonction du taux de couplage et qu'à cela s'ajoutent les pertes d'insertion, la perte généralement introduite en pratique par les coupleurs sont résumés dans le tableau 4.5. Ce sont donc ces valeurs qui sont prises en compte au cours des simulations.

Tableau 4.5 : Valeurs typiques des coupleurs.

Coupleurs 1xN	Pertes (dB)
1x4	8
1x8	11
1x16	14
1x32	17
1x64	20

Par ailleurs, il est à noter que la notion de *taux de couplage* est directement liée au nombre de ports de sortie d'un coupleur, alors que, la notion du *taux de partage* fait référence au nombre d'utilisateurs admis par tout le système. Il est donc clair que, nous parlons de *taux de couplage* lorsqu'on se réfère au nombre d'utilisateurs sur une longueur d'onde du système, et du *taux de partage* lorsqu'il s'agit de l'ensemble de tous les utilisateurs du système. Dans les prochains chapitres de ce document, ces deux expressions seront souvent utilisées.

4.1.3.1.4. Les lignes de transmissions

D'après les recommandations de l'ITU-T, un support de transmission adapté est nécessaire pour les systèmes utilisant plusieurs longueurs d'onde comme dans notre cas, sachant que la fenêtre à 1400 nm (bande E) est inutilisable sur les fibres standards monomodes (G.652.A et G.652.B) à cause d'une forte atténuation due à la présence des ions OH^-. Il est donc intéressant pour un opérateur de déployer les fibres monomodes (G.652.C et G.652.D), appelées plus couramment *"fibres à faible pic OH"*. Aussi, ils offrent une bande passante supplémentaire de 170 nm (1360-1530 nm) permettant la transmission sur des canaux WDM. En outre, les fibres G.652.C et D présentent des caractéristiques identiques à celles des fibres G.652.A et B en termes de dispersion chromatique. Elles sont donc parfaitement compatibles avec les composants souvent utilisés.

Le modèle disponible dans la bibliothèque des composants de OptiSystem et simulant une fibre standard monomode est appelé « *Bidirectional Optical Fiber* » dont nous présentons les caractéristiques dans le tableau 4.6. Par ailleurs, au cours des simulations, les distances maximales de transmission pour les tronçons de transport et de distribution sont respectivement de 20 km et 5 km afin de rester dans les limites d'un réseau d'accès conformément aux recommandations de l'ITU-T.

Tableau 4.6 : Paramètres caractéristiques des fibres monomodes bidirectionnelles.

Paramètres des fibres monomode G.652 C et D	
Paramètres	**Valeurs**
Bande spectrale (nm)	1311 – 1611
Longueur maximale du tronçon de transport (km)	20
Longueur maximale du tronçon de transport (km)	5

Atténuation (dB/km)	0,2 ou 0,4
Dispersion chromatique (ps/nm/km)	17

4.2. Application des configurations CWDM et DWDM au modèle de référence

Dans cette section, nous présentons les plans d'allocations des canaux WDM utilisés pour les configurations CWDM et DWDM lors de la simulation du système afin de montrer sa flexibilité.

4.2.1. Configuration CWDM (Coarse WDM)

La Recommandation ITU-T G.694.2 fournit une définition de la grille de longueurs d'onde pour les applications CWDM avec des canaux espacés de 20 nm (2500 GHz). Cette grille CWDM a été initialement définie pour permettre la transmission simultanée de plusieurs signaux optiques suffisamment espacés avec un débit de 2,5 Gbit/s autorisant l'utilisation de sources non refroidies c'est-à-dire de sources admettant une dérive en température.

Afin de maximiser le nombre de canaux, l'espacement spectral de 20 nm a été déterminé par trois principaux facteurs :

◆ Une variation totale de la longueur d'onde du laser de l'ordre de ±6-7 nm autour des longueurs d'onde centrales nominales devrait être compatible avec les technologies actuelles de filtrages ;

◆ Les longueurs d'onde des lasers sont autorisées à changer sur une plage de température suffisamment large afin de permettre l'utilisation des lasers non refroidis ;

60

◆ Le tiers de l'espacement minimal des canaux est laissé comme largeur de bande de garde suffisante pour permettre l'utilisation de filtres à faible coût technologique.

Cet espacement de 20 nm entre canaux permet l'attribution de 18 longueurs d'onde dans la bande spectrale 1271-1611 nm occupant ainsi la totalité du spectre d'émission et en couvrant les bandes O, E, S, C, et L, contrairement à la grille de longueurs d'onde DWDM confinée aux bandes C et L. Cependant, les applications utilisant la grille CWDM et spécifiées dans la Recommandation ITU-T G.695, disposent au maximum de 16 canaux optiques.

Ainsi, disposant de 16 longueurs d'onde au maximum dans la grille CWDM pour notre système, le plan d'allocation de ces longueurs d'onde est présenté dans le tableau 4.7. Chaque ligne du tableau correspond à un PON, c'est-à-dire qu'à chaque PON est affecté deux longueurs d'onde de façon à ce qu'une longueur d'onde est reçue par les ONU de ce PON (celle du sens descendant) et chaque ONU émet à son tour sur l'autre longueur d'onde (celle du sens montant).

Tableau 4.7 : Plan d'allocation des canaux CWDM.

Allocation de canaux CWDM (nm)		
N° de PON	Sens descendant	Sens montant
1	1311	1471
2	1331	1491
3	1351	1511
4	1371	1531
5	1391	1551
6	1411	1571
7	1431	1591
8	1451	1611

Les paramètres généraux du système de référence pour la configuration CWDM sont :

❖ Le débit est de 10 Gbit/s par longueur d'onde ;
❖ Le type de modulation est la modulation externe.

Le type de modulation a été choisi conformément aux explications données à la section 3.3.1. Lors d'une modulation externe, la puissance de sortie du laser est continue. Puis ce signal lumineux est modulé par le modulateur, mais il est aussi inévitablement atténué. Par conséquent, la puissance de sortie de l'émetteur est égale à la puissance délivrée par le laser, diminuée des pertes d'insertion du modulateur puis des pertes d'absorption.

La sensibilité du récepteur à l'OLT et à l'ONU pour un TEB de 10^{-9} est de -32 dBm et les paramètres des émetteurs sont indiqués dans le tableau 4.8 :

Tableau 4.8 : Paramètres caractéristiques des émetteurs optiques.

Paramètres	Valeurs
Paramètres de l'émetteur des canaux CWDM à l'OLT	
Bande spectrale (nm)	1311-1451
Espacement des canaux (nm)	20
Puissance de sortie des lasers (dBm)	5 à 20
Taux d'extinction (dB)	8
Paramètres de l'émetteur à l'ONU	
Bande spectrale (nm)	1471-1611
Puissance de sortie des lasers (dBm)	10 à 25
Taux d'extinction (dB)	8

En ce qui concerne l'atténuation de la fibre dans une configuration CWDM, elle est de 0,4 dB/km pour le cas le plus défavorable, la largeur de bande maximale des filtres rectangulaires utilisés est de 160 nm, ce qui permettra de ne récupérer que l'ensemble des canaux du sens montant, sens dans lequel sont mis ces derniers et la largeur de bande à -3 dB des multiplexeurs utilisés est de 0,4 nm.

4.2.2. Configuration DWDM (Dense WDM)

Dans la Recommandation ITU-T G.694.1 qui définit les grilles de longueurs d'onde pour les applications DWDM, quatre grilles de longueurs d'onde caractérisées par des espacements entre canaux de 100 GHz (0,8 nm), 50 GHz (0,4 nm), 25 GHz (0,2 nm) et 12,5 GHz (0,1 nm) sont spécifiées. Les longueurs d'onde utilisées sont contenues dans les bandes C (1530 – 1565 nm) et/ou L (1565 – 1625 nm) et le nombre de canaux dépend de l'espacement entre ces derniers. Cependant, les deux grilles d'espacements de 100 GHz (0,8 nm) et 50 GHz (0,4 nm) sont ceux généralement utilisées pour les applications DWDM dans le réseau d'accès optique passif pour des raisons de coût.

Afin d'être compatible avec les technologies des composants actuellement à l'usage, nous définissons dans le tableau 4.9 le plan d'allocation des longueurs d'onde pour la configuration DWDM utilisée. Ces longueurs d'onde appartiennent à la bande C.

Tableau 4.9 : Plan d'allocation des canaux DWDM.

Allocation de canaux DWDM (THz)				
	100 GHz d'espacement		50 GHz d'espacement	
N° de PON	Descendants	Montants	Descendants	Montants
1	193,0	191,9	193,20	192,50
2	193,1	192,0	193,25	192,55
3	193,2	192,1	193,30	192,60
4	193,3	192,2	193,35	192,65
5	193,4	192,3	193,40	192,70
6	193,5	192,4	193,45	192,75
7	193,6	192,5	193,50	192,80
8	193,7	192,6	193,55	192,85
9	193,8	192,7	193,60	192,90
10	193,9	192,8	193,65	192,95

D'après la recommandation ITU-T G.694.1, pour rendre plus souple la manipulation des valeurs associées aux longueurs d'onde DWDM, les valeurs fréquentielles des longueurs d'onde sont souvent utilisées au lieu des valeurs en nm. Cela justifie les valeurs fréquentielles utilisées dans le tableau 4.9 ci-dessus. Le nombre de canaux pour une configuration DWDM peut aller jusqu'à 40 pour un espacement de 100 GHz dans la bande C et peut être doublé pour un espacement de 50 GHz dans cette même bande. Cependant, pour des raisons de temps de calculs extrêmement longs et nécessitant de grande ressource en mémoire, nous n'utilisons que 20 canaux DWDM, nombre qui convient largement pour évaluer les différentes performances du système.

Les paramètres généraux du système de référence pour la configuration DWDM, les paramètres des émetteurs et des récepteurs, sont identiques à ceux présentés à la section 4.2.1 pour la configuration CWDM, à l'exception de la bande spectrale qui est indiquée dans le tableau 4.9 et de l'espacement entre canaux qui est soit de 100 GHz soit de 50 GHz.

L'atténuation de la fibre dans une configuration DWDM est de 0,2 dB/km et la largeur de bande des filtres rectangulaires utilisés est de 1,1 THz pour la grille d'espacement de 100 GHz et de 0,55 THz pour la grille d'espacement de 50 GHz. La largeur de bande à -3 dB des multiplexeurs utilisés est de 0,4 nm pour la grille d'espacement de 100 GHz et de 0,2 nm pour la grille d'espacement de 50 GHz.

4.3. Méthode d'ingénierie optique utilisée

4.3.1. Budget optique

Par définition, le budget optique est la perte optique totale de l'infrastructure passive qu'un système PON peut supporter tout en assurant une qualité de transmission déterminée. C'est-à-dire que le budget optique comptabilise la perte ou l'atténuation optique possible entre un émetteur et un récepteur reliés par des composants optiques passifs tels que les fibres, les coupleurs, les atténuateurs ou encore les multiplexeurs.

Il est donc nécessaire de tenir compte de ces différentes pertes, aussi des pertes d'épissures et éventuellement les pertes liées au vieillissement des conduits et à toutes dégradations imprévues. Il est à noter que toutes ces pertes ont été considérées lors de la définition des paramètres des chacun des interfaces optiques de notre système.

4.3.2. Méthodologie d'évaluation du bilan de liaison

Pour évaluer le bilan de liaison de notre système de transmission optique, la procédure adoptée est de paramétrer nos composants optiques dans la bande spectrale de fonctionnement du système, particulièrement la puissance d'émission de l'émetteur et la sensibilité du récepteur pour un taux d'erreurs binaires déterminé (généralement inférieur ou égal à 10^{-9} pour assurer une bonne qualité de transmission). Le budget optique est alors calculé à partir de la puissance de sortie de l'émetteur à l'émission et la sensibilité du récepteur à la réception pour un taux d'erreurs binaires déterminé.

$$\textbf{\textit{Budget optique}}_{dB} = \textbf{\textit{P}}(\textit{émetteur})_{dBm} - \textbf{\textit{Sensibilité}}_{dBm} \qquad (4.1)$$

Dans le calcul de ce budget, une marge de sécurité égale à la somme d'une marge de fonctionnement et d'une marge de maintenance est prévue. La marge de fonctionnement tient compte de la variation des caractéristiques des composants avec la température et le vieillissement. La marge de maintenance correspond, elle, aux incidents que peut subir la fibre optique (sectionnement accidentel réparé avec une épissure qui entraîne des pertes supplémentaires). La marge de sécurité recommandée est d'au moins de 3 dB. Donc les pertes totales en ligne (fibre + connexions) entre l'émetteur et le récepteur doivent être inférieures au budget optique compte tenu de la marge de sécurité prévue pour le système.

$$\textbf{\textit{Marge de sécurité}}_{dB} = \textbf{\textit{Budget optique}}_{dB} - \textbf{\textit{Pertes totales en ligne}}_{dB} \quad (4.2)$$

Pour notre système, les paramètres des composants qui ont été définis précédemment tiennent compte du cas le plus défavorable afin de rendre notre modèle toujours opérationnel, c'est-à-dire assurer une bonne qualité de transmission (facteur de qualité Q $\geq$ 6 ou taux d'erreurs binaires inférieur à 10^{-9}) même dans le cas où les conditions de transmission ne sont pas idéales.

Conclusion

L'essentiel du travail effectué dans ce chapitre s'est articulé autour de la mise au point d'un modèle réaliste de réseau hybride combinant le multiplexage en longueurs d'onde et le multiplexage en temps dans l'accès optique. Une définition exhaustive des paramètres des différents modules du modèle a été donnée, et des détails sur la méthodologie d'allocation des canaux ainsi que celle d'évaluation du bilan de liaison ont été abordés. Ainsi, la prochaine étape se consacrera à l'analyse et l'interprétation des résultats de simulations en vue de valider les différents choix.

PARTIE 3

RESULTATS ET DISCUSSION

CHAPITRE 5 : Analyses des résultats de la configuration CWDM.

CHAPITRE 6 : Analyses des résultats de la configuration DWDM et discussion.

CHAPITRE **5**

Analyses des résultats de la configuration CWDM

Introduction

En conformité avec la méthode d'ingénierie définie et les différents critères d'évaluation de la qualité d'une transmission, il s'agit dans ce chapitre d'exposer et d'interpréter les résultats issus des simulations itératives pour la configuration CWDM appliquée au système.

5.1. Simulations et résultats

Les simulations que nous réalisons dans ce chapitre, sont faites pour la configuration CWDM explicitée à la section 4.2.1. Comme cela a été défini dans le chapitre 3, l'interprétation des résultats de simulations se fera à l'aide du facteur Q et du diagramme de l'œil. En outre, un bilan de liaison sera calculé en vue de valider nos différents choix techniques.

5.1.1. Choix de la puissance d'émission des lasers des émetteurs à l'OLT et à l'ONU

Dans le but de retenir une valeur de puissance d'émission des lasers parmi celles indiquées dans le tableau 4.8 de la section 4.2.1 pour les différents émetteurs du système, de nombreuses simulations ont été réalisées.

Tout d'abord, le facteur de qualité Q a été évalué pour les longueurs d'onde du système, pour chacune des valeurs de puissances mentionnées précédemment. Pour le sens descendant, ces puissances sont comprises entre 5 dBm et 20 dBm, et pour le sens montant, elles sont comprises entre 10 dBm et 25 dBm. Cela nous a permis de déterminer les deux longueurs d'onde (une par sens de transmission) qui étaient beaucoup plus pénalisées lors de la transmission. Pour ce faire, nous nous sommes arrêtés en amont de la partie PON, afin de relever les différentes valeurs du facteur Q. Les courbes obtenues sont donc présentées dans la figure 5.1 pour le sens descendant et dans la figure 5.2 pour le sens montant.

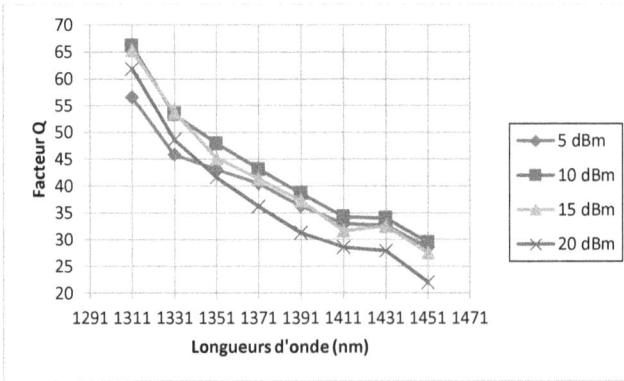

Figure 5.1 : Facteur Q en fonction des longueurs d'onde du sens descendant pour les valeurs de la puissance du laser.

D'après la figure 5.1, quelle que soit la puissance considérée, la valeur minimale du facteur Q est toujours obtenue à la longueur d'onde de 1451 nm. Par conséquent, la longueur d'onde retenue conformément à ce qui est expliqué dans le paragraphe précédent est 1451 nm. Par analogie, en analysant les courbes de la figure 5.2, on retient la longueur d'onde de 1611 nm pour le sens montant.

70

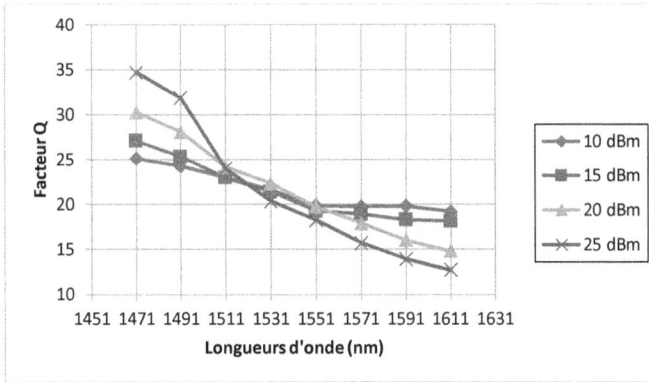

Figure 5.2 : Facteur Q en fonction des longueurs d'onde du sens montant
pour les valeurs de la puissance du laser.

Ensuite, sur chacune de ces longueurs d'onde, il a été déterminé le
facteur Q en fonction de la puissance des lasers pour chaque type de
coupleur. C'est-à-dire qu'après avoir retrouvé la longueur d'onde la plus
pénalisée lors de la transmission, le facteur Q a été déterminé au niveau des
ONU pour chaque taux de couplage (1x4, 1x8, 1x16, 1x32, 1x64). Les
résultats du sens descendant sont présentés dans la figure 5.3.

D'une part, parmi les puissances (5 dBm, 10 dBm, 15 dBm et 20 dBm)
définies précédemment et utilisées pour obtenir les courbes de la figure 5.3,
la puissance de 10 dBm est la plus petite qui permet d'assurer un facteur de
qualité Q ≥ 6, quel que soit le taux de couplage utilisé.

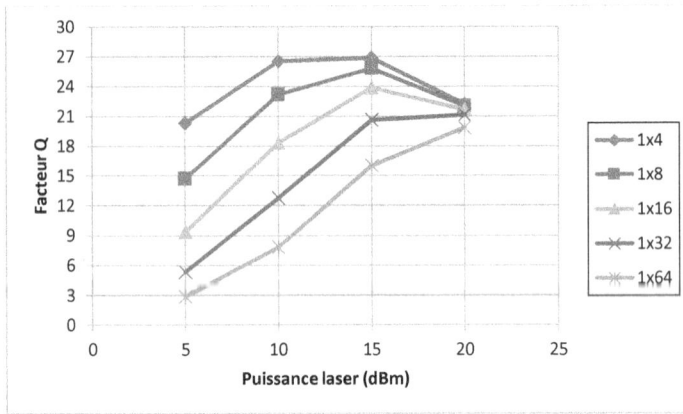

Figure 5.3 : Facteur Q en fonction des puissances du laser à 1451 nm pour le sens descendant.

D'autre part, avec le plus grand taux de couplage (1x64) pour lequel le facteur Q prend une valeur minimale quelle que soit la puissance du laser, une analyse qualitative est faite à l'aide du diagramme de l'œil pour la puissance de 10 dBm à 1451 nm. On obtient donc le tracé de la figure 5.4. Ensuite, la même analyse est faite pour la valeur de puissance de 15 dBm à la même longueur d'onde, et on obtient le tracé de la figure 5.5.

Rappelons que, pour apprécier la qualité de transmission du système, nous considérons non seulement le facteur Q mais aussi le diagramme de l'œil. Quand bien même le facteur Q a une valeur supérieure à 6 pour la puissance de 10 dBm, une puissance de 15 dBm donne une meilleure ouverture du diagramme de l'œil, d'après les tracés des figures 5.4 et 5.5 ci-dessous. En effet, à 15 dBm, l'œil est plus ouvert horizontalement et verticalement que pour 10 dBm. Par conséquent, la puissance de 15 dBm est celle retenue comme puissance des lasers de l'émetteur situé à l'OLT.

72

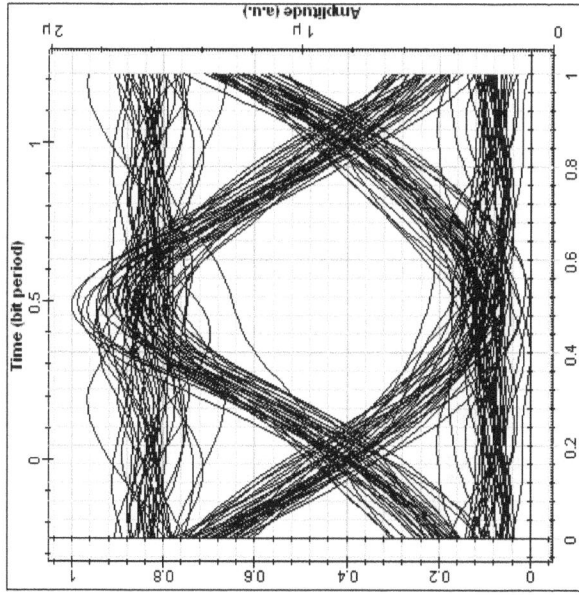

Figure 5.5 : Diagramme de l'œil pour la
puissance de 15 dBm à 1451 nm.

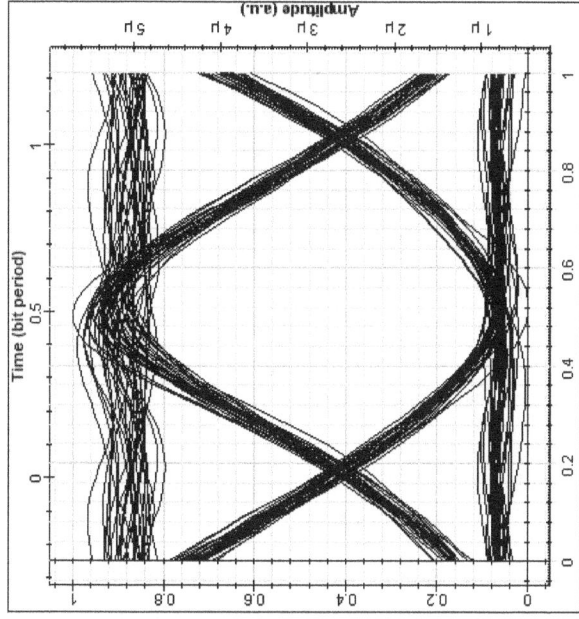

Figure 5.4 : Diagramme de l'œil pour la puissance
de 10 dBm à 1451 nm.

73

Concernant les résultats du sens montant, ils sont présentés dans la figure 5.6 :

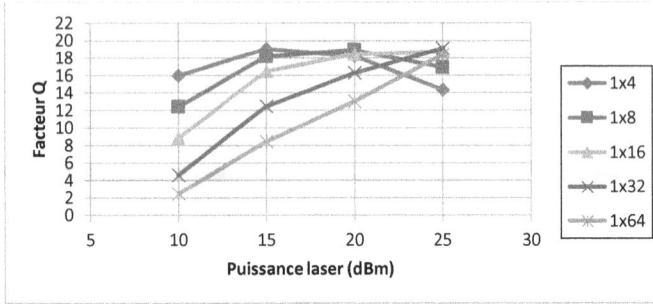

Figure 5.6 : Facteur Q en fonction des puissances du laser à 1611 nm pour le sens montant.

D'après les courbes de la figure 5.6, parmi les puissances (10 dBm, 15 dBm, 20dBm et 25 dBm) précédemment définies, quel que soit le taux de couplage, la plus petite valeur de puissance du laser qui permet d'assurer un facteur de qualité Q ≥ 6, est égale à 15 dBm. Toutefois, nous présentons dans les figures 5.7 et 5.8, le diagramme de l'œil pour la puissance de 15 dBm et de 20 dBm à 1611 nm dans le cas du taux de couplage 1x64 (ce cas correspond au cas où le facteur Q prend généralement la valeur minimale, quelle que soit la puissance du laser (voir figure 5.6)).

Après avoir observé les deux tracés des figures 5.7 et 5.8, quand bien même le facteur Q a une valeur supérieure à 6 pour la puissance de 15 dBm, on constate que l'œil est plus ouvert horizontalement et verticalement pour 20 dBm. On obtient alors une meilleure ouverture du diagramme de l'œil pour la puissance de 20 dBm que pour la puissance de 15 dBm. Par conséquent, nous retenons la puissance de 20 dBm comme puissance du laser pour les ONU.

74

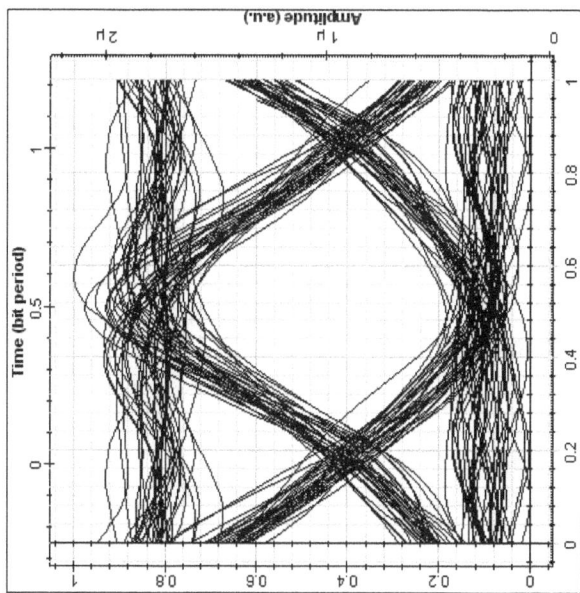

Figure 5.7 : Diagramme de l'œil pour la puissance
de 15 dBm à 1611 nm.

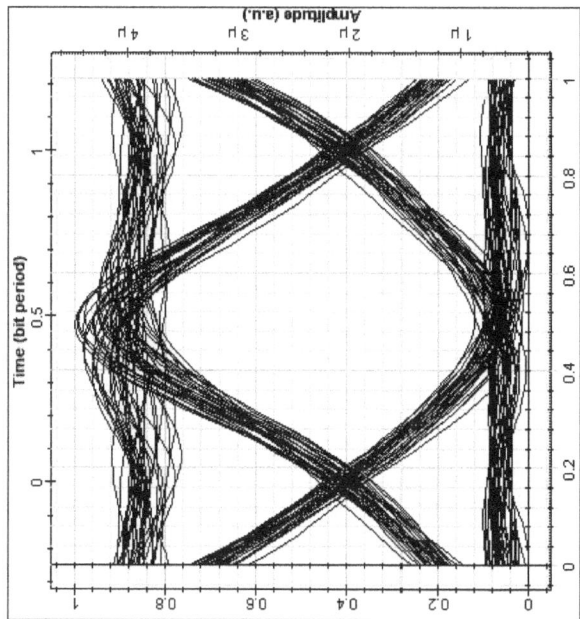

Figure 5.8 : Diagramme de l'œil pour la puissance
de 20 dBm à 1611 nm.

5.1.2. Qualité de la transmission sur chaque longueur d'onde à 10 Gbit/s sur 25 km

Les différentes pertes introduites par les composants du système en partant de l'OLT aux ONU sont récapitulées dans les tableaux 5.1 et 5.2 ci-dessous. Rappelons que la distance maximale du tronçon de transport est de 20 km et celle du tronçon de distribution est de 5 km.

Tableau 5.1 : Pertes du système sans les coupleurs pour la configuration CWDM.

Paramètres (dB)	Descendant	Montant
Perte du multiplexeur ou du démultiplexeur	3,5	3,5
Perte du circulateur	1	1
Atténuation de la fibre de transport (0,4 x 20)	8	8
Perte du multiplexeur bidirectionnel	3,5	3,5
Atténuation de la fibre de distribution (0,4 x 5)	2	2
Total sans coupleurs	*18*	*18*

$$Atténuation\ totale_{dB} = Total\ sans\ coupleurs_{dB} + Pertes\ de\ couplage_{dB} \quad (5.1)$$

Tableau 5.2 : Pertes totales du système en fonction de chaque type de coupleur pour la configuration CWDM.

Coupleurs 1xN	Pertes de couplage (dB)	*Atténuation totale (dB)*
1x4	8	*26*
1x8	11	*29*
1x16	14	*32*
1x32	17	*35*
1x64	20	*38*

76

Eu égard à ces différentes valeurs, l'atténuation maximale introduite par les composants du système dans le sens descendant, est égale à 38 dB. Cette valeur est obtenue lorsqu'on considère un plus grand taux de couplage (coupleur 1x64).

En ce qui concerne le sens montant, quel que soit le type de coupleur utilisé, il y a une perte d'insertion qui s'introduit, et qui vaut 1,5 dB. Ce qui veut dire que, l'atténuation totale obtenue pour ce sens est égale à 19,5 dB, quel que soit le type de coupleur utilisé.

Afin d'évaluer la qualité de la transmission sur chacune des 16 longueurs d'onde de la configuration CWDM présentée à la section 4.2.1, de nombreuses simulations ont été effectuées. Les courbes du facteur Q en fonction des longueurs d'onde sont présentées dans la figure 5.9 pour le sens descendant et dans le cas le plus défavorable (ce qui correspond à l'utilisation du coupleur 1x64) et dans la figure 5.10 pour le sens montant.

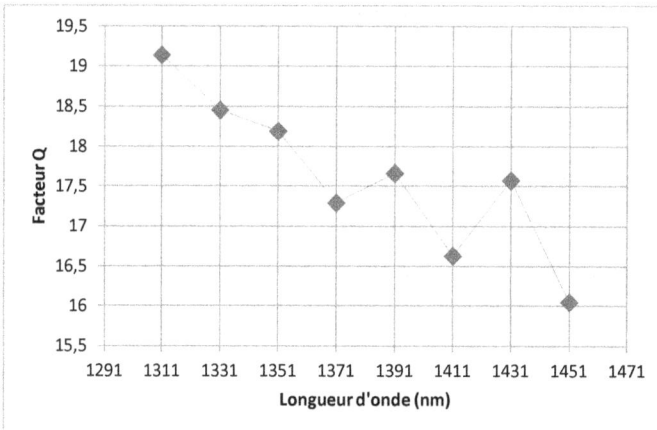

Figure 5.9 : Facteur Q en fonction des longueurs d'onde descendantes du CWDM.

77

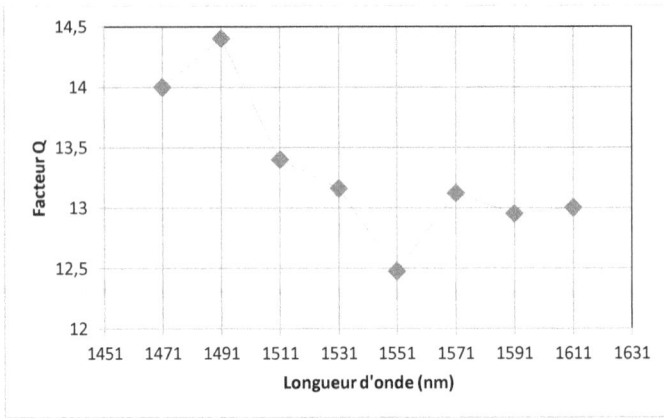

Figure 5.10 : Facteur Q en fonction des longueurs d'onde montantes du CWDM.

Sur les figures 5.9 et 5.10, quelle que soit la longueur d'onde considérée, la valeur du facteur Q obtenue, est nettement au-dessus du minimum requis qui permet de confirmer qu'une transmission est bonne. On en déduit que la liaison assurée par notre système de transmission est excellente.

Par ailleurs, il est important de rappeler que la courbe de la figure 5.9 est obtenue lorsqu'on considère un taux de couplage de 64 utilisateurs par longueur d'onde. Ce qui veut dire que, pour les huit (08) longueurs d'onde descendantes, on atteint un taux de partage égal à 512 utilisateurs (64 x 8) pour la configuration CWDM.

5.2. Bilan de liaison optique

Le débit de transmission étant de 10 Gbit/s par longueur d'onde, nous rappelons que le type de modulation utilisé est la modulation externe conformément aux explications données à la section 3.3.1. Lors de cette modulation, la puissance de sortie du laser est continue. Puis ce signal lumineux est modulé par le modulateur, mais il est aussi inévitablement atténué. Par conséquent, la puissance de sortie de l'émetteur est égale à la puissance délivrée par le laser, diminuée des pertes d'insertion du modulateur puis des pertes d'absorption.

$$P(\text{émetteur})_{dBm} = P(\text{laser})_{dBm} - Pertes\ insertion_{dB} - Pertes\ absorption_{dB} \quad (5.2)$$

Pour notre chaîne optique, la puissance du laser est égale à 15 dBm à l'OLT et 20 dBm à l'ONU. Les pertes d'insertion et d'absorption sont égales à 2,43 dB. Ainsi, la puissance de sortie de l'émetteur « *WDM Transmitter* » situé à l'OLT (voir figure 4.2) est égale à 12,57 dBm (15 dBm – 2,43 dB).

Pour émettre sur le réseau, nous rappelons qu'une trame TDM est constituée par les abonnés d'un PON sur une longueur d'onde donnée. Lorsqu'on prend la trame TDM constituée de 8 abonnés (8 slots), chaque abonné émet donc avec une puissance instantanée maximale qui est égale à 17,57 dBm (soit 20 dBm – 2,43 dB) pendant la durée d'un slot. Cela correspond à 57,14 mW. Comme chaque abonné n'émet que pendant 1 slot sur 8, la puissance moyenne maximale par abonné est donc de 7,14 mW (57,14 mW divisés par 8).

D'après les résultats de simulations, le taux de couplage maximal étant de 64 abonnés par longueur d'onde, nous obtenons une puissance d'émission de 0,88 mW par abonné. Cela correspond à la valeur de puissance d'émission la plus faible pour un abonné. En effet, pour les taux de couplage 1x32, 1x16, 1x8 et 1x4, la valeur de puissance obtenue est plus élevée. Le budget optique est donc calculé avec cette valeur de puissance

(0,88 mW = − 0,54 dBm), qui représente la puissance d'émission d'un abonné dans le cas le plus défavorable.

En utilisant l'équation 4.1 qui permet le calcul du budget optique, nous obtenons le tableau 5.3 :

Tableau 5.3 : Budget optique du système pour la configuration CWDM.

Paramètres	Valeurs correspondantes	
	Descendant	Montant
Puissance de sortie émetteur (dBm)	12,57	-0,54
Sensibilité du récepteur (dBm)	-32	-32
Budget optique disponible (dB)	**44,57**	**31,46**

D'après la section 5.1.2, dans le cas le plus défavorable, les pertes totales en ligne entre un émetteur et un récepteur du système sont égales à 38 dB pour le sens descendant. Pour le sens montant, elles sont égales à 19,5 dB. En utilisant l'équation 4.2 qui permet le calcul de la marge de sécurité du système, nous obtenons le tableau 5.4 :

Tableau 5.4 : Marge de sécurité du système pour la configuration CWDM.

Paramètres	Valeurs correspondantes	
	Descendant	Montant
Budget optique disponible (dB)	44,57	31,46
Pertes totales en ligne (dB)	38	19,5
Marge de sécurité (dB)	**6,57**	**11,96**

La valeur recommandée pour la marge de sécurité d'un système optique étant d'au moins de 3 dB, les valeurs obtenues d'après le tableau 5.4, donnent une sécurité assez suffisante pour les deux sens de transmission. En effet, ces marges de sécurité permettront de couvrir les éventuelles pertes (épissures, pertes de connexion,...) qui s'introduiront dans le système avec le temps.

Conclusion

Dans ce chapitre, nous avons présenté les résultats relatifs à la configuration CWDM appliquée au système avec des canaux espacés de 20 nm. Eu égard à une telle configuration, le système proposé s'est montré performant. En fait, les résultats obtenus ont été prouvés quantitativement par un bon facteur de qualité Q (Facteur Q $\geq$ 6) et qualitativement par une bonne ouverture du diagramme de l'œil, principaux critères retenus pour l'évaluation des performances du système. Aussi, le bilan de liaison optique calculé est assez satisfaisant.

Etant donné que la configuration CWDM n'est pas la seule appliquée au système, le chapitre suivant présentera les résultats relatifs à la simulation de la configuration DWDM.

CHAPITRE **6**

Analyses des résultats de la configuration DWDM et discussion

Introduction

Dans ce chapitre, nous présentons les résultats relatifs à la configuration DWDM appliquée à notre système. Nous retenons les espacements de 100 GHz (0,8 nm) et de 50 GHz (0,4 nm) entre les canaux comme cela a été expliqué à la section 4.2.2.

6.1. Simulations et résultats

Pour les différentes simulations, les valeurs de puissance des lasers ont été maintenues à 15 dBm et 20 dBm respectivement à l'OLT et aux ONU comme dans le cas de la configuration CWDM dont les résultats ont été présentés à la section 5.1.1.

6.1.1. Qualité de la transmission sur chaque longueur d'onde à 10 Gbit/s sur 25 km

6.1.1.1.DWDM avec 100 GHz d'espacement entre canaux

A l'exception de l'atténuation linéique dans les fibres qui est de 0,2 dB/km, les pertes dans les autres composants du système restent inchangées puisqu'il s'agit du même système. Le tableau 6.1 résume donc le total des pertes sans les coupleurs pour les deux sens de transmission.

Tableau 6.1 : Pertes du système sans les coupleurs pour la configuration DWDM.

Paramètres (dB)	Descendant	Montant
Perte du multiplexeur ou du démultiplexeur	3,5	3,5
Perte du circulateur	1	1
Atténuation de la fibre de transport (0,2 x 20)	4	4
Perte du multiplexeur bidirectionnel	3,5	3,5
Atténuation de la fibre de distribution (0,2 x 5)	1	1
Total sans coupleurs	*13*	*13*

En utilisant l'équation 5.1, on obtient le tableau 6.2, qui donne l'atténuation totale du système en fonction du taux de couplage pour le sens descendant.

Tableau 6.2 : Pertes totales du système en fonction de chaque type de coupleur pour la configuration DWDM.

Coupleurs 1xN	Pertes de couplage (dB)	*Atténuation totale (dB)*
1x4	8	*21*
1x8	11	*24*
1x16	14	*27*
1x32	17	*30*
1x64	20	*33*

Pour le sens descendant, l'atténuation maximale obtenue est égale à 33 dB. Elle est obtenue avec le plus grand taux de couplage (1x64).

Quant au sens montant, quel que soit le taux de couplage considéré, seulement des pertes d'insertion s'élevant à 1,5 dB s'ajoutent. La valeur d'atténuation totale est donc de 14,5 dB.

En considérant ces valeurs d'atténuation totale pour les deux sens, il a été effectué des simulations au cours desquelles nous avons évalué le facteur de qualité Q sur l'ensemble des longueurs d'onde. Cela nous a donc permis d'obtenir le tracé des courbes indiquées sur les figures 6.1 et 6.2 respectivement pour le sens descendant (avec le taux de couplage maximale 1x64) et pour le sens montant.

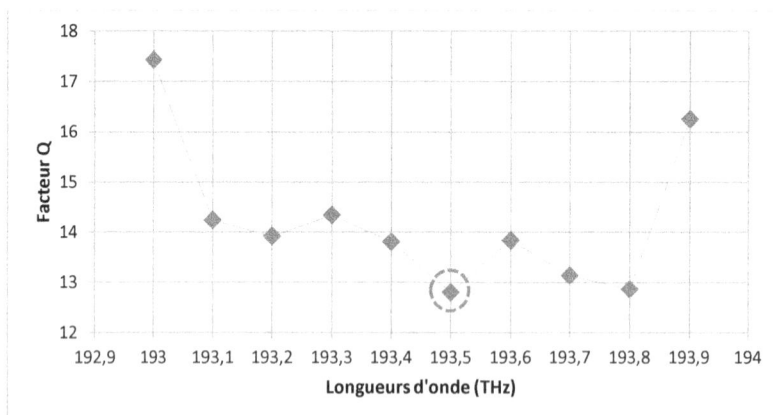

Figure 6.1 : Facteur Q en fonction des longueurs d'onde descendantes pour le DWDM avec 100 GHz d'espacement.

Sur la figure 6.1, quelle que soit la longueur d'onde descendante considérée, le facteur de qualité Q a une valeur strictement supérieure à la valeur recommandée qui est égale à 6, lorsqu'une transmission est bonne.

Le même constat est fait, lorsqu'on considère la courbe de la figure 6.2 ci-dessous.

84

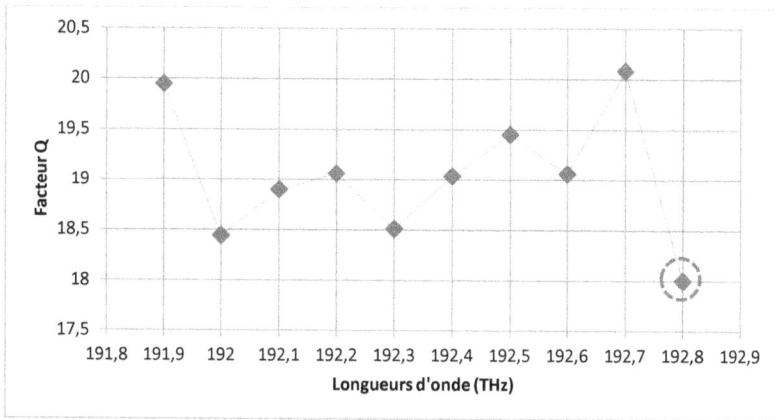

Figure 6.2 : Facteur Q en fonction des longueurs d'onde montantes pour le DWDM avec 100 GHz d'espacement.

On en déduit que la qualité en transmission du système dans le cas d'une configuration DWDM avec des canaux espacés de 100 GHz est satisfaisante. De plus, ces résultats sont corroborés qualitativement par une bonne ouverture des diagrammes de l'œil montrés sur les figures 6.3 et 6.4, pour les longueurs d'onde de 193,5 THz et 192,8 THz avec les mêmes valeurs d'atténuation totale définies précédemment. Ces longueurs d'onde (points encerclés) étant celles qui ont le facteur de qualité le plus petit, d'après les figures 6.1 et 6.2 ci-dessus.

Pour les 10 longueurs d'onde descendantes utilisées dans le cas du DWDM avec des canaux espacés de 100 GHz et pour un taux de couplage atteignant 64 utilisateurs par longueur d'onde, on obtient les résultats du tableau 6.3. Quant à la bande C choisie, il y a au total 40 canaux disponibles dont 20 utilisables pour le sens descendant.

Tableau 6.3 : Taux de partage pour le DWDM avec 100 GHz d'espacement.

Nombre de longueurs d'onde descendantes	Nombre d'utilisateurs
10	640
20	1280

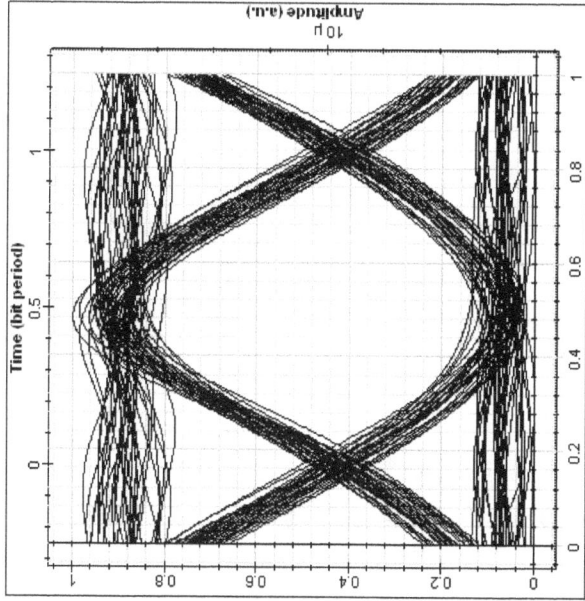

Figure 6.4 : Diagramme de l'œil pour une atténuation maximale à 192,8 THz dans le sens montant pour le DWDM avec 100 GHz d'espacement.

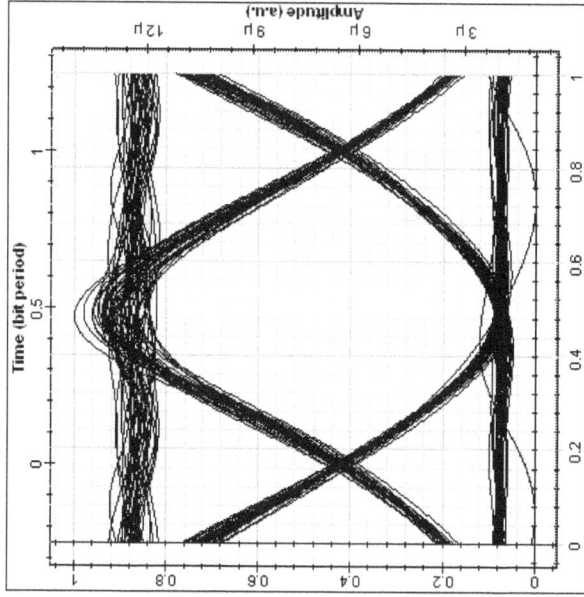

Figure 6.3 : Diagramme de l'œil pour une atténuation maximale à 193,5 THz dans le sens descendant pour le DWDM avec 100 GHz d'espacement.

6.1.1.2. DWDM avec 50 GHz d'espacement entre canaux

Il est primordial de retenir que les différentes pertes introduites par les composants du système dans le cas d'une configuration DWDM avec des canaux espacés de 50 GHz (0,4 nm) sont les mêmes que celles présentées par la configuration DWDM avec des canaux espacés de 100 GHz (0,8 nm). Elles sont donc récapitulées dans le tableau 6.4 :

Tableau 6.4 : Pertes du système pour la configuration DWDM.

Paramètres (dB)	Descendant	Montant
Perte du multiplexeur ou du démultiplexeur	3,5	3,5
Perte du circulateur	1	1
Atténuation de la fibre de transport (0,2 x 20)	4	4
Perte du multiplexeur bidirectionnel	3,5	3,5
Atténuation de la fibre de distribution (0,2 x 5)	1	1
Perte due au taux de couplage maximal (1x64)	20	1,5
Total	*33*	*14,5*

En considérant le total des pertes du système pour les deux sens de transmission, il a été réalisé plusieurs tests au cours desquels nous avons évalué le facteur de qualité Q sur chacune des 20 longueurs d'ondes utilisées et qui sont présentées à la section 4.2.2. Les résultats de ces diverses simulations sont montrés sur la figure 6.5 pour le sens descendant et sur la figure 6.6 pour le sens montant.

Pour l'ensemble des longueurs d'onde descendantes ou montantes, le facteur de qualité Q obtenu est strictement au-dessus de la valeur recommandée (Q > 6). Il apparaît que la transmission des données via notre système dans le cas d'une configuration avec des canaux espacés de 50 GHz est meilleure.

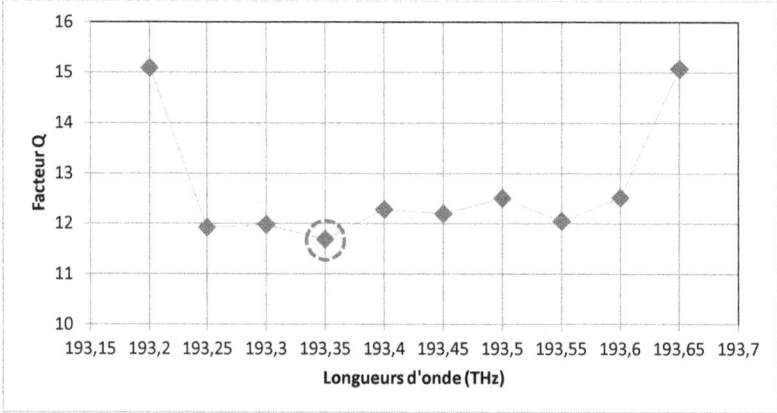

Figure 6.5 : Facteur Q en fonction des longueurs d'onde descendantes pour le DWDM avec 50 GHz d'espacement.

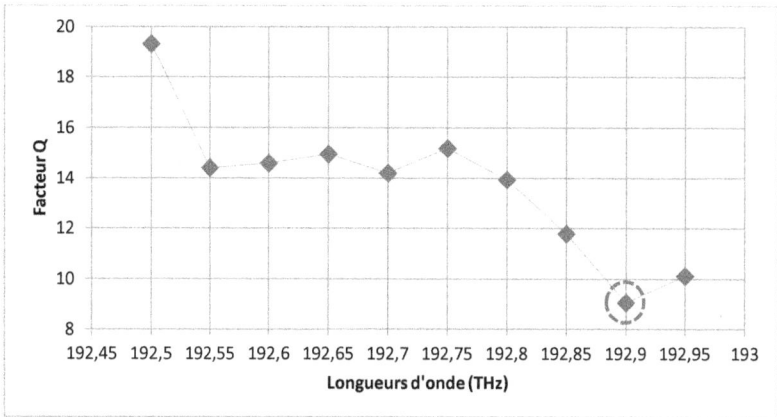

Figure 6.6 : Facteur Q en fonction des longueurs d'onde montantes pour le DWDM avec 50 GHz d'espacement.

89

Et pour s'en convaincre davantage, nous pouvons observer en figure 6.7 et 6.8 le diagramme de l'œil associé. Ces tracés sont obtenus aux longueurs d'onde de 193,35 THz et 192,9 THz. Ces dernières sont celles qui ont le facteur de qualité le plus petit, d'après les figures 6.5 et 6.6 ci-dessus (points encerclés). Pour ces deux longueurs d'onde, on obtient une bonne ouverture de l'œil.

En considérant les 10 longueurs d'onde descendantes utilisées pour le DWDM avec des canaux espacés de 50 GHz et pour un taux de couplage atteignant 64 utilisateurs par longueur d'onde, on obtient les résultats du tableau 6.5. Aussi, dans la bande C choisie pour une telle configuration, nous pouvons utiliser 40 longueurs d'onde descendantes parmi les 80 disponibles.

Tableau 6.5 : Taux de partage pour le DWDM avec 50 GHz d'espacement.

Nombre de longueurs d'onde descendantes	Nombre d'utilisateurs
10	640
40	2560

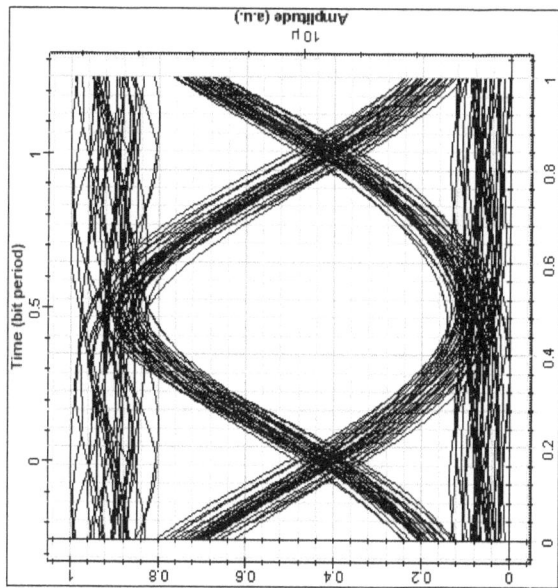

Figure 6.8 : Diagramme de l'œil pour une atténuation maximale à 192,9 THz dans le sens montant pour le DWDM avec 50 GHz d'espacement.

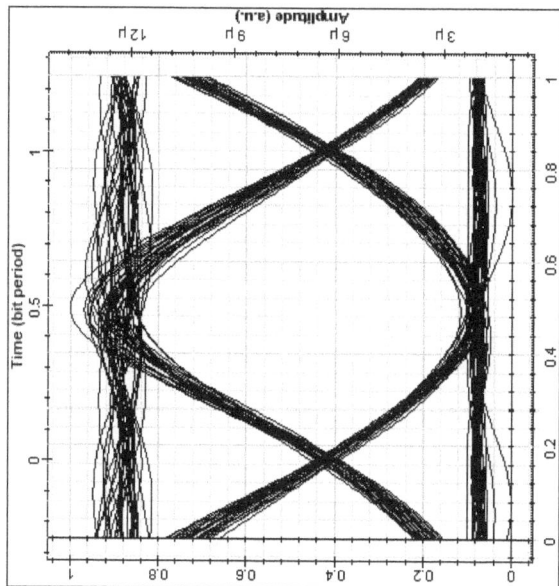

Figure 6.7 : Diagramme de l'œil pour une atténuation maximale à 193,35 THz dans le sens descendant pour le DWDM avec 50 GHz d'espacement.

6.1.2. Bilan de liaison optique

De manière analogue au calcul du bilan de liaison présenté à la section 5.2, nous calculons le bilan de liaison pour la configuration DWDM. Etant donné que le total des pertes est le même pour les deux configurations DWDM, le bilan de liaison reste valable pour ces deux configurations.

En utilisant l'équation 4.1, nous présentons dans le tableau 6.6 le budget optique pour les deux sens de transmission. Par ailleurs, nous rappelons que le calcul des valeurs des puissances a été déjà abordé à la section 5.2. En outre, les pertes d'insertion et d'absorption s'élèvent à 2,38 dBm pour la configuration DWDM. Ainsi, la puissance de sortie des émetteurs à l'OLT est égale à 12,62 dBm (15 dBm - 2,38 dBm). Aux différents ONU, avec un taux de couplage de 64 utilisateurs, nous obtenons une valeur de puissance de – 0,54 dBm après simulation.

Tableau 6.6 : Budget optique du système pour la configuration DWDM.

Paramètres	Valeurs correspondantes	
	Descendant	Montant
Puissance de sortie émetteur (dBm)	12,62	-0,54
Sensibilité du récepteur (dBm)	-32	-32
Budget optique disponible (dB)	**44,62**	**31,46**

Dans le tableau 6.4 à la section 6.1.1.2 ci-dessus, nous avons présenté les pertes totales en ligne du système. Elles sont égales à 33 dB pour le sens descendant et 14,5 pour le sens montant. Ainsi, en utilisant l'équation 4.2, nous présentons la marge de sécurité du système dans le tableau 6.7 :

92

Tableau 6.7 : Marge de sécurité du système pour la configuration DWDM.

Paramètres	Valeurs correspondantes	
	Descendant	Montant
Budget optique disponible (dB)	44,62	31,46
Pertes totales en ligne (dB)	33	14,5
Marge de sécurité (dB)	**11,62**	**16,96**

La marge de sécurité étant d'au moins de 3 dB, les valeurs obtenues d'après le tableau 6.7 donnent une sécurité assez suffisante pour les deux sens de transmission. Ces marges de sécurité permettront donc de couvrir les éventuelles pertes (épissures, pertes de connexion,...) qui s'introduiront dans le système avec le temps.

6.2. Discussion

Au terme de cette étude, nous avons conçu et implémenté un modèle de réseau d'accès optique passif très haut débit, combinant la technologie de multiplexage en longueurs d'onde et la technologie de multiplexage temporel. En se référant aux différents résultats obtenus, on parvient aux différentes analyses qui sont présentées ici.

Pour la configuration CWDM appliquée au système, en considérant les figures 5.3 et 5.6, le facteur Q évolue avec la puissance pour les deux sens de transmission. Cela s'explique par le fait que, plus la puissance d'émission est importante, mieux le signal se propage sur le réseau sans pour autant être fortement atténué par les composants de ligne. Les interférences entre symboles sont d'une part très limitées, et d'autre part l'identification de ces symboles se fait aisément. D'ailleurs, cette réduction de l'interférence entre symboles se constate en effet au niveau des tracés du diagramme de l'œil montrés sur les figures 5.5 et 5.8 quand on évolue en puissance. Les erreurs sont amoindries, par conséquent la valeur du facteur Q augmente. En outre, sur la figure 5.3, la valeur du facteur Q devient pratiquement constante pour la puissance de 20 dBm, quel que soit le taux de couplage considéré. En effet, en augmentant la puissance jusqu'à à la valeur de 20 dBm, les interférences entre symboles sont tellement limitées au point où on obtient un taux d'erreurs binaires tendant vers zéro, ce qui fait que le facteur Q correspondant devient pratiquement constant. Par ailleurs, les valeurs prises par le facteur Q ne sont pas identiques pour les deux sens de transmission (figures 5.9 et 5.10). En fait, pour ces deux sens, non seulement les puissances d'émission et spectres d'émission ne sont pas identiques, mais aussi, en parcourant le sens montant, on rencontre plus de composants en ligne que dans le sens descendant.

Ensuite, pour les deux configurations DWDM appliquées au système, sur les figures 6.1 et 6.5, on remarque que les valeurs les plus petites du facteur Q se retrouvent au niveau de l'espacement de 50 GHz. En effet, en passant du DWDM avec 100 GHz d'espacement entre canaux au DWDM avec 50 GHz d'espacement entre canaux, les phénomènes de recouvrement entre canaux voisins deviennent de plus en plus importants, facilitant donc les interférences entre symboles de ces canaux. Ainsi, au niveau de la détection lorsqu'il s'agit de filtrer un canal en vue de le détecter, une grande partie des spectres des canaux voisins est donc incluse dans la bande passante du filtre de sélection dudit canal. L'information contenue dans ce dernier va donc se mélanger avec celle contenue dans la partie des spectres des canaux voisins sélectionnée par le filtre, qui va donc s'en trouver dégradée. C'est alors que le facteur de qualité Q se trouve pénalisé. Il en est

94

d'ailleurs de même sur les figures 6.2 et 6.6 pour les longueurs d'ondes montantes.

Enfin, lorsqu'on passe de la configuration CWDM à la configuration DWDM pour le système, le nombre de canaux utilisés devient important (16 dans le cas du CWDM contre 20 dans le cas du DWDM). L'espacement entre canaux est réduit, permettant une montée aussi bien en débit pour le système, mais aussi, en nombre d'utilisateurs. Ainsi, on passe d'un débit de 160 Gbit/s avec 512 utilisateurs pour le CWDM à un débit de 200 Gbit/s avec 640 utilisateurs pour le DWDM. En outre, les pertes introduites en configuration DWDM sont moins importantes qu'en configuration CWDM, parce que, l'atténuation linéique de la fibre utilisée pour le DWDM est plus petit (0,2 dB/km) que pour le CWDM (0,4 dB/km). Par conséquent, le budget optique et la marge de sécurité du système sont plus grands pour le DWDM que pour le CWDM. En définitive, lorsqu'il s'agit de faire un déploiement à très grande envergure, la solution DWDM est la plus appropriée, contre un coût de déploiement assez important, dû à la grande précision et à la qualité que requiert les équipements. Mais lorsque le déploiement doit être fait pour un nombre réduit d'utilisateurs, la solution CWDM s'impose, tout en restant moins onéreuse en termes de coût de déploiement.

Conclusion

En définitive, les résultats relatifs à l'application de la configuration DWDM au système élaboré, se sont avérés satisfaisants en termes de qualité de transmission. En nous basant sur les critères retenus tels que le facteur de qualité Q, le diagramme de l'œil, et le bilan de liaison optique, nous avons pu conclure sur les performances en transmission du système.

Aussi, une discussion autour des différents résultats obtenus, ont permis de les rendre encore plus exhaustifs.

Conclusion générale et perspectives

Les technologies du réseau d'accès optique évoluent sans cesse vers des générations de plus en plus performantes, avec une capacité de plus en plus élevée. Dans cette évolution, l'accès optique utilisant le multiplexage en longueurs d'onde se révèle comme l'une des technologies les plus représentatives dans la course vers le très haut débit du futur. Dans le but de réduire le coût de déploiement et de rendre flexible cette technologie d'accès optique, tout en assurant la capacité de monter vers le très haut débit, nous nous sommes attelés tout au long de ce mémoire à concevoir et à dimensionner un modèle de réseau d'accès optique passif combinant le multiplexage en longueurs d'onde et le multiplexage temporel.

En effet, partant de la définition des paramètres des composants, nous avons procédé à la mise au point du système. Afin de valider notre proposition et les différents choix techniques effectués, il s'est avéré nécessaire de tester le modèle par des simulations itératives. Au terme de ces tests, de meilleures performances en transmission du système ont été obtenues. Les valeurs du facteur de qualité Q obtenues pour les longueurs d'onde du système sont largement au-dessus de la valeur recommandée et les diagrammes de l'œil présentent une bonne ouverture, prouvant ainsi une bonne immunité aux erreurs lors de la transmission. Aussi, le système présente-t-il une marge de sécurité strictement supérieure à la valeur recommandée, ce qui permettra de couvrir les pertes qui s'introduiront avec le temps. Le système élaboré offre un débit de 10 Gbit/s par longueur d'onde sur une portée maximale de 25 km. Sur chaque longueur d'onde, le taux de couplage maximal atteint est de 64 utilisateurs grâce à la partie TDM du système.

Par ailleurs, nous espérons que les apports issus de ce travail de mémoire contribueront au développement des technologies d'accès utilisant le multiplexage en longueurs d'onde. Comme tout système est appelé à évoluer dans le temps, des améliorations futures pourraient être apportées à celui-ci afin de le rendre plus utile.

En guise de perspectives, des travaux relatifs à l'implémentation des récepteurs en mode Burst au niveau de l'OLT peuvent être réalisés, afin de distinguer les données reçues de chaque abonné situé sur une même longueur d'onde. Egalement, pour une montée considérable en débit tout en limitant les interférences entre canaux WDM, des travaux sur l'implémentation des formats de modulations plus élaborés que le format NRZ peuvent être effectués. Aussi, vu que pour la configuration DWDM, les pertes du système sont moins importantes que pour la configuration CWDM, des implémentations futures pourraient être réalisées afin de déterminer la puissance des lasers pour le DWDM, sans pour autant dégrader les performances du système et/ou réduire trop considérablement le budget optique.

En outre, l'ajout des codes correcteurs d'erreurs (FEC pour Forward Error correction Code) au système favoriserait dans la phase de réalisation pratique, l'utilisation de composants à faibles coûts. C'est-à-dire l'utilisation de composants à faibles performances, mais pouvant fonctionner à des débits importants, afin de permettre une diminution du coût d'investissement du système.

Bibliographie

❖ Al-RUBAYE, S., A. AL-DULAIMI, H. Al-RAWESHIDY, 2009 : Next generation optical access network using CWDM technology. Int. J. Communications, Network and System Sciences, 640p.

❖ BANERJEE, A., Y. PARK, F. CLARKE, H. SONG, S. YANG, G. KRAMER, K. KIM, B. MUKHERJEE, 2005 : Wavelength-division-multiplexed passive optical network (WDM-PON) technologies for broadband access. Journal of Optical Networking, vol. 4 N° 11, 758p.

❖ BOUJELBENE, S., 2006 : Allocation dynamique des longueurs d'onde dans un réseau d'accès optique. Rapport de Projet de fin d'études en Réseaux et Services Mobiles, Ecole Supérieure des Communications de Tunis, 78p.

❖ CHARLY, A., 2011 : Optimisation du dimensionnement du réseau de transmission optique de Bénin Télécoms S.A., Mémoire de fin de formation pour l'obtention du diplôme d'ingénieur de conception, Ecole Polytechnique d'Abomey-Calavi (EPAC), Université d'Abomey-Calavi (UAC), 105p.

❖ ITU-T Manual, 2009 : Optical fibres, cables and systems. Place des Nations, CH-1211 Geneva 20, Switzerland, 324p.

❖ KEISER, G., 2006 : FTTX concepts and applications. WILEY INTERSCIENCE, A John Wiley & sons, Inc., Hoboken, New Jersey, 283p.

❖ KEISER, G., Edition 2010 : Optical Fiber communications, Fourth Edition. McGRAW-HILL INTERNATIONAL EDITION, United States, 578p.

❖ LEFRANÇOIS, M., 2007 : Etude de technologies avancées pour l'optimisation des systèmes de transmission optique multiplexés en longueur d'onde au débit de 40 Gbit/s. Thèse pour l'obtention du diplôme de doctorat, Université Paris-sud, 228p.

❖ NGUYEN, Q. T., 2011 : Émetteurs achromatiques pour le réseau d'accès optique haut débit multiplexé en longueurs d'onde. Thèse en sciences de la matière, Université de Rennes sous le sceau de l'Université Européenne de Bretagne, 278p.

❖ N'YABA, S. F., 2008 : Conception et simulation d'un modèle de réseau d'accès par fibre optique : cas de BENIN TELECOMS S.A, Mémoire de fin de formation pour l'obtention du diplôme d'ingénieur de conception, Ecole Polytechnique d'Abomey-Calavi (EPAC), Université d'Abomey-Calavi (UAC), 137p.

❖ PAYOUX, F., 2006 : Etude des réseaux d'accès optiques exploitant le multiplexage en longueurs d'onde. Thèse en Traitement du signal et Télécommunications, Université de Bretagne, 262p.

❖ PAYOUX, F., P. CHANCLOU, J. BRIAND, R. BRENOT, 2005 : Architecture de réseau d'accès optique WDM. Journées Nationales d'Optique Guidée, JNOG9-1, Chambéry, France.

❖ PETIT FERRUFINO, J. M., 2010 : « Dual Electroabsorption Modulated Laser » Etude et caractérisation d'une nouvelle source optique laser-modulateur intégrés pour les transmissions numériques à haut-débit et les applications Radio-sur-Fibre. Thèse en Electronique et Communications, Ecole Nationale Supérieure des Télécommunications, 205p.

❖ PUJOLLE, G., Edition 2008 : Les réseaux. Editions EYROLLES, 61, bd Saint-Germain, 75240 Paris Cedex 05.

❖ RAJALAKSHMI, S., A. SRIVASTAVA, A. PANDEY, 2012 : Performance analysis of receivers in WDM for extended reach passive optical networks. IJCSI International Journal of Computer Science Issues, vol. 9 N° 3, 222p.

❖ Recommandation ITU-T G.671, 2009 : Transmission characteristics of optical components and subsystems.

❖ Recommandation ITU-T G.694.1, 2012 : Spectral grids for WDM applications : DWDM frequency grid.

❖ Recommandation ITU-T G.694.2, 2003 : Grilles spectrales pour les applications de multiplexage par répartition en longueurs d'onde : grille espacée CWDM.

❖ Recommandation ITU-T G.652, 2009 : Characteristics of a single-mode optical fibre and cable.

❖ SALIOU, F., 2010 : Etudes des solutions d'accès optique exploitant une extension de portée. Thèse en Communications et électronique, TELECOM PARIS TECH, 236p.

❖ VERNEUIL, J-L., 2003 : Simulation de systèmes de télécommunications par fibre optique à 40 Gbits/s. Thèse en Télécommunications Hautes Fréquences et Optiques, Université de Limoges, 297p.

Documents techniques sur OptiSystem

❖ Optiwave : OptiSystem, Getting Started, Optical Communication System Design Software, version 7, Canada.

❖ Optiwave : OptiSystem, Tutorials Volume 1 and 2, Optical Communication System Design Software, version 7, Canada.

ANNEXES

Annexe A : Rappels sur les unités de puissance

Lors de la conception d'une liaison sur fibre optique, il est intéressant de mesurer, ou de définir les niveaux de puissance du signal à l'émission, à la réception, aux points de jonction et d'épissure de câble, et dans le câble. Une méthode commode pour ceci est de calculer la puissance du signal par rapport à un niveau de référence. Ceci est normalement fait en termes de rapport de puissances mesuré en décibels (dB) défini comme :

$$P_{dB} = 10 \log\left(\frac{P_2}{P_1}\right)$$

Où P_1 et P_2 représentent des puissances optiques.

Donc le niveau en dB est le rapport logarithmique entre les puissances P_1 et P_2 du signal, la puissance P_1 étant le niveau de référence. La nature logarithmique du décibel permet à un grand rapport d'être exprimé d'une façon assez simple. Des niveaux de puissance différents par beaucoup d'ordres de grandeur, peuvent être comparés facilement quand ils sont sous la forme de décibel. Ainsi, le décibel est employé pour se rapporter à des rapports relatifs ou à des unités relatives.

Cependant, le décibel ne donne aucune indication du niveau de puissance absolue. Une des unités dérivées les plus communes pour faire ceci dans des communications sur fibre optique est le dBm. C'est le niveau de puissance en décibel rapporté à 1 mW. Dans ce cas-ci, la puissance en dBm est une valeur absolue définie par :

103

$$P_{dBm} = 10 \log \frac{P(mW)}{1\ mW}$$

Une égalité importante à retenir est que 0 dBm = 1 mW. Donc, les valeurs positives du dBm sont plus grandes que 1 mW et les valeurs négatives sont inférieures à 1mW. Des exemples sont montrés dans le tableau A.1 :

Tableau A.1 : Correspondances entre quelques valeurs en mW et en dBm.

Puissance (mW)	Valeur (dBm)
100	20
10	10
2	3
1	0
0,5	-3
0,1	-10

Il faut remarquer que la différence de deux valeurs en dBm donne une valeur en dB de la façon suivante :

$$A_{dBm} - B_{dBm} = 10 \log \frac{A}{1\ mW} - 10 \log \frac{B}{1\ mW}$$

$$= 10[\log A - \log B]$$

$$= 10 \log \frac{A}{B}$$

Si on note par:

$$C_{dB} = 10 \log \frac{A}{B}$$

$$(définition\ du\ décibel)$$

104

Alors :

$$A_{dBm} - B_{dBm} = C_{dB}$$

Annexe B : La fibre optique

Considérée comme le support permettant d'acheminer les plus hauts débits, la fibre optique se présente sous forme d'un cylindre de verre de quelques centaines de micromètres. Une fibre optique est caractérisée par : un cœur et une gaine. Les signaux lumineux vont transiter dans le cœur, tandis que la gaine va empêcher qu'ils ne s'échappent de la fibre.

Il existe trois types de fibres optiques qui se distinguent par la façon dont le signal lumineux se propage dans le cœur : la fibre multimode à saut d'indice, la fibre multimode à gradient d'indice, la fibre monomode. La figure B.1 représente le mode de propagation du signal en fonction du type de fibre utilisée :

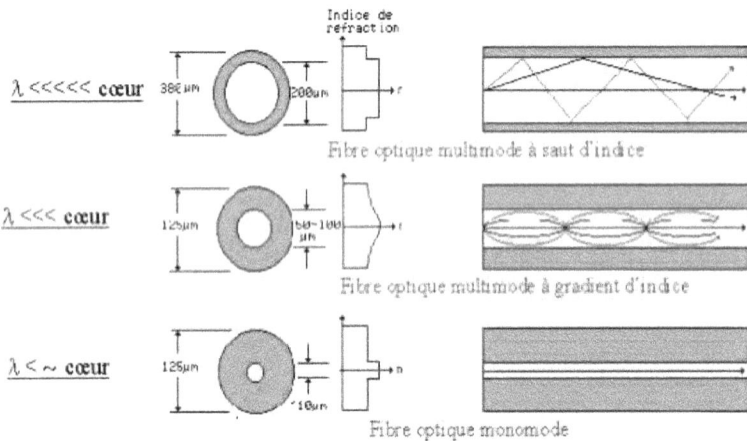

Figure B.1 : Diamètres, indices de réfraction et modes de propagation du signal des trois types de fibre (N'YABA, 2008).

106

La norme G.652 de l'UIT (Union Internationale des Télécommunications) est une norme internationale pour les fibres optiques monomodes déployées dans les réseaux de télécommunications. Elle porte sur les paramètres géométriques, mécaniques et optiques des fibres, et sur les tolérances admissibles :

◈ L'atténuation permet de caractériser toutes les pertes de puissance optique que subit la lumière pendant sa propagation à travers la fibre. Cette atténuation est causée par les interactions entre la lumière et son milieu de propagation. Elle dépend du type de matériau qui compose le milieu et de la longueur de la fibre.

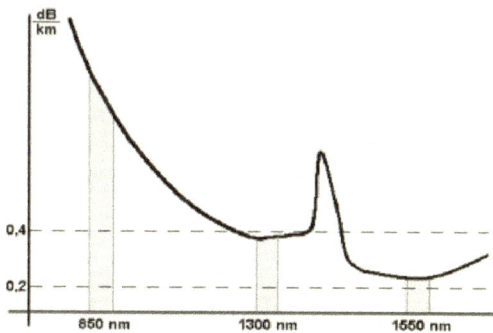

Figure B.2 : Atténuation spectrale d'une fibre optique G.652 (VERNEUIL, 2003).

◈ La dispersion chromatique : Il s'agit de la contribution la plus importante à la dispersion dans une fibre optique conventionnelle. Elle inclut les dispersions du matériau et du guide. Ces effets combinés de la dispersion sont néfastes pour la propagation d'impulsion le long de la fibre. Ils limitent la distance maximale sur laquelle le signal peut se propager. La dispersion chromatique est minimale dans une fibre

107

optique conventionnelle autour de la longueur d'onde de 1310 nm. Etant donné qu'une onde lumineuse modulée est dotée d'une certaine largeur spectrale non nulle, certaines composantes spectrales de ce signal modulé vont se propager plus vite que d'autres par le biais de la dispersion chromatique. Cela induit une déformation temporelle du signal. De plus, il est intéressant de noter que, dans les systèmes multiplexés en longueur d'onde, la dispersion chromatique fait que la « vitesse moyenne » de propagation d'un canal, correspondant à la vitesse de propagation de sa porteuse, est propre à chaque canal.

Annexe C : Le format de modulation NRZ

Le format NRZ est le format le plus simple et le plus intuitif qui existe. Un signal optique modulé en NRZ est la copie conforme du signal binaire électrique : un « 0 » est codé par un signal à faible puissance (idéalement nulle), et un « 1 » par un signal à forte puissance. Une puissance résiduelle pour le codage du « 0 » est souvent observée du fait des imperfections de la modulation. Nous parlerons alors du taux d'extinction (ou ER pour Extinction Ratio) du format, ayant alors une valeur finie. Le taux d'extinction d'un format de modulation NRZ est défini par :

$$ER = \frac{P_1}{P_0} \text{ ou } ER_{dB} = 10\log_{10}\left(\frac{P_1}{P_0}\right)$$

avec P_1 et P_0 respectivement les puissances moyennes du niveau 1 et du niveau 0.

La Figure C.1 montre un exemple de trace temporelle, de diagramme de l'œil et de spectre d'un format NRZ présentant un taux d'extinction de 13 dB.

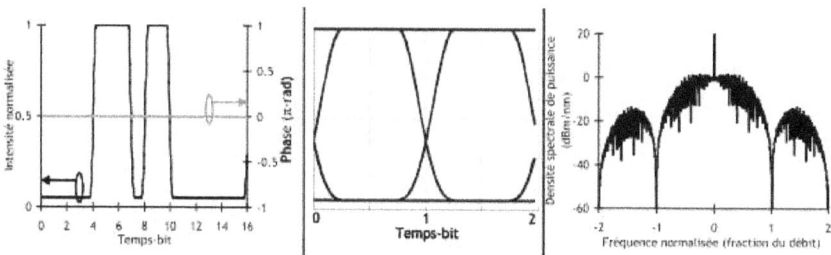

Figure C.1 : Trace temporelle, diagramme de l'œil et spectre du format NRZ (LEFRANÇOIS, 2007).

Le spectre de ce format comporte, comme celui de la plupart des formats de modulation, un lobe principal et des lobes secondaires deux fois plus étroits. Le lobe principal du spectre du format NRZ a une largeur égale à deux fois la fréquence d'information (ou débit binaire) du signal optique. De plus, le spectre d'un format NRZ est facilement reconnaissable à son onde porteuse unique située au centre de son spectre. Celle-ci comporte des harmoniques aux multiples entiers de la fréquence d'information, mais dans le cas du NRZ, elles coïncident avec les annulations de puissance entre les lobes. Le format NRZ est incontestablement le format le plus simple à générer. Par contre elle est très sensible et très tolérant aux effets non-linéaires particulièrement au débit très élevé.

Table des matières

111